칼빈주의, 라스베가스 공항을 가다

리차드 마우 지음

김동규 옮김

SFC

Originally published in the U.S.A. under the title: *Calvinism in the Las Vegas Airport*
Copyright ⓒ **2004 by Richard J. Mouw**
Published by permission of Zondervan, Grand Rapids, Michigan
All rights reserved.

Korean Edition Copyright ⓒ 2008 by SFC Publishing Company, Seoul, Republic of Korea
Translated and used by permission of Zondervan through arrangement of KCBS Literary Agency, Seoul, Republic of Korea.

본 저작물의 한국어판 저작권은 **KCBS Literary Agency**를 통하여 **Zondervan** 과 독점 계약한 **SFC** 출판부에 있습니다. 신 저작권법에 의하여 한국 내에서 보호받는 저작물이므로 무단전재와 무단복제를 금합니다.

Calvinism in the Las Vegas Airport

Richard J. Mouw

SFC

감사의 말

비록 16개월이란 긴 기간 동안 이 책을 집필하고 수정하긴 했지만, 그럼에도 불구하고 나는 아주 좋은 환경 속에서 이 책의 '위대한 첫발'(내겐 책을 쓰는데 있어 이 점이 제일 어렵다)을 내디딜 수 있었다. 나는 필리스와 함께 2002년 7월 중 두 주를 뉴저지의 프린스턴 외곽에 위치한 아름다운 숲속의 집에서 연구할 시간을 가졌다. 이는 주디와 짐 버그만이 준 환대의 선물이었다. 더군다나 나는 짐에게서 두 번째 선물을 받았는데, 그는 내가 이 책을 쓰고 있는 모습을 목격하고서는, 그 역시도 칼빈주의 이념이라는 열쇠를 붙들고 씨름하던 처지에서, 그의 고뇌어린 사유를 내게 나누어 주었다. 이 문제에 대한 짐의 탐구는 본 주제를 보다 명확히하려는 사유 과정에서 비롯된 나의 열정에 중요한 자극제 역할을 했다.

나는 몇 해에 걸쳐 여러 사람들로부터 이 책의 논의 주제와 관련해 많은 것을 배웠다. 그렇지만 여기서 내게 그것들을 가르쳐 준 모든 사람들에게 충분한 감사를 표할 수는 없을 것 같다. 그럼에도 나는 이 책의 초고를 주의 깊게 읽어 준 다음 세 사람에게는 특별한 고마움을 표하고 싶다.

먼저 내 며느리인 크리스틴 마우는 몇몇 예리한 지적들과 함께 나의 과장된 언어표현에 대해 따끔한 경고를 해주었다. 과장된 언어표현에 있어서, 나는 크리스틴 남편이 소속된 대학교에서 역사를 전공하는 제자들이 자기 선생님에게 해주었던 비판적 코멘트를 잊지 않고 있다: "선생님은 어휘를 사용할 때 너무 힘이 들어가 있어요!"

하버드 신학부의 마크 에드워즈는 루터와 루터파에 대해 연구하는 학자의 관점을 갖고서도 나의 칼빈주의에 대한 충심을 인정해 주려고 애쓰는 친구이다.

풀러대학교의 존 톰슨은 칼빈주의 사상사에 대해서 나보다 더 많은 것을 알고 있는 사람이다. 그는 몇 가지 핵심 논점에서 내가 의도한(혹은 의도해야만 했던) 것을 분류하는데 도움을 주었다.

나는 또한 존더반 출판사의 편집자 폴 앵글로와 함께 산책을 하면서 너무나 좋은 지도와 격려를 받았다. 본서의 기획을 두고 앵글로와 나눈 대화는 내게 있어 매우 큰 즐거움이었다. 이러한 즐거움은 오래 전 허프톤 대학 재학 시절, 이 문제에 대해 그와 함께 토론했던 날들을 추억할 수 있어서 더욱 그러했다.

이들 모두가 나에게 많은 도움을 주었으며, 나는 그들의 지혜롭고 유용한 조언을 얻음으로써 더욱 부지런해질 수 있었다. 이 책에 남아있는 오류나 부적절한 표현들은 단순하게는 신적 예정으로 혹은(보다 적절한 표현으로는) 알 수 없는 신비의 탓으로 돌릴 수도 있겠지만, 실제로는 타락으로 인한 나의 부패함이 초래한 결과에 불과하다.

| 차례 |

감사의 말 … 5
01 하드코어 튤립(TULIP) … 11
02 칼빈주의자란 호칭 … 21
03 순전한 칼빈주의 … 35
04 칼빈주의의 암초 … 59
05 고통과 하나님의 주권 … 77
06 선택받은 이후 … 101

07 단 한 평도 남김없이	119
08 관대한 선택	133
09 라스베가스의 슬픔과 희망	147
10 제이크의 실수	163
11 한 여행객의 고백	175
12 기억을 지키는 사람들	193
역자후기	201
주(Notes)	207

01

하드코어 튤립(TULIP)

나는 「하드코어」(*Hardcore*)라는 영화를 보고 나서 이 책을 써야겠다는 생각을 했다. 대부분의 사람들은 이 영화를 21세기에 칼빈주의자가 되기 위한 영감의 원천으로 생각하지 않을 것이다. 그래서 나는 더욱 이 점에 대해 설명하는 것이 좋겠다고 생각했다.

「하드코어」의 제작자는 폴 슈뢰더(Paul Schrader)다. 그는 미시간의 그랜드 래피즈에 있는 칼빈대학을 졸업했는데, 이는 내가 1968년 신임교수로서 이 학교에 부임하기 전의 일이었다. 비록 그가 UCLA 대학원에서 영화를 공부하기 위해 칼빈대학을 떠났을지라도, 여전히 칼빈대학 캠퍼스 내에서는 그에 대한 이야기들이 자주 회자되었다. 그에 대한 평가는 내가 교수로 재직했던 17년 동안 전설의 일부가 되어 갔다. 칼빈대학교 재학 당시, 종교교육에 관한 슈뢰더의 공적인 도전들은 이미 최고조에 이르렀을 뿐 아니라 그 방식 또한 대학 공동체를 매우 실망시키는 것이었다. 그러나 이 모든 일에도 불구하고, 칼빈대학 사람들은 그가 영화작가요 감독으로서 할리우드의 주목을 받으면서 UCLA의 영화연구 박사과정에 진학했을 때, 그의 성공에 대해 크나큰 관심을 보였다. 물론 우리는 이런 관심과 더불어 감시의 눈길도 보냈다. 어떤 신문기자가 슈뢰더의 젊은 시절에 영향을 주었던 "옹졸한 칼빈주의"에 관한 슈뢰더의 논평을 인용했을 때, 우리 그랜드 래피즈 사람들이(여기에는 나도 포함된다) 느꼈던 일종의 당혹감은 대단한 것이었다.

우리는 그의 초기 성공작 「택시 드라이버」(*Taxi Driver*)와 「아메리칸 지골로」(*American Gigolo*)라는 영화가 남긴 흔적을 추적해 보았다. 비록 이 두 작품이 우리 같은 사람들에게는 익숙치 않은 풍미를 풍기는 것이긴 했지만 말이다. 하지만 무엇보다도 슈뢰더와 관련한 최고의 논란거리는 「하드코어」라는 영화였다. 그가 그랜드 래피즈에서 이 영화를 만들었다는 사실 자체만으로도 흥미를 유발시키기에 충분했다. 그 영화의 스탭들은 교회에서 예배드리는 장면을 촬영하려고 개혁파 교회의 목회자가 입는 가운을 빌려가기도 했다. 나는 영적 교훈을 추구하는 사람들에게는 이 영화를 추천하지 않는다. 그러나 이 영화 속의 특별한 한 장면은 이따금씩 내게 신학적 반성을 하게끔 만든다. 그 장면은 이렇다: 조지 C. 스콧이란 배우가 역할을 맡은 제이크 반 도른(Jake Van Dorn)이란 경건한 칼빈주의 장로가, 니키(Niki)라고 불리는 강퍅한 불신자 여성과 함께 라스베가스의 공항에 앉아 있었다. 제이크에겐 십대의 딸이 있었는데, 그녀는 포르노그래피 사업에 연루돼서 캘리포니아로 가출한 상태였다. 그래서 제이크는 딸을 찾아 나서게 되었다. 그녀를 찾기 위한 첫 번째 노력은 수포로 돌아갔지만, 그는 어떻게든 딸을 구하고 싶어 딸을 알고 있는 니키라는 성매업 종사자의 도움을 얻게 되었다. 그들은 딸을 찾으려고 라스베가스까지 갔지만, 천방지축인 그의 딸을 찾을 수는 없었다. 결국 그들은 딸을 찾기 위해 다른 곳으로 가려고 다시 공항에 오게 되었다.

라스베가스 공항에서의 대화

탑승 대기실에 앉아 비행기를 기다리면서 니키는 제이크가 삶에 대해 부정적 견해를 가졌다는 사실을 느끼고, 그것이 그의 종교적 신앙과 분명히 관련이 있을 것이라고 생각했다. "어떤 종파의 교회를 다니나요?" 니키가 물었다. "네덜란드 개혁교회요" 제이크는 계속 말했다. "튤립(TULIP)을 믿는 종파지요." 대화는 다음과 같이 이어졌다.

니키: 네? 그런 걸 믿다니 이해할 수 없군요!

제이크: 그건 일종의 이니셜이에요. 도르트 신경에서 온 말이지요. 각각의 철자는 서로 다른 믿음의 내용을 나타내는데…. 그런데 이 이야기를 계속 해도 될까요?

니키: 예, 예, 계속해 주세요! 난 내가 금성인(venusian)이라고 생각하거든요.

제이크: 음…. *T*는 "전적 부패(Total depravity)"를 의미해요. 모든 사람은 원죄로 인해 전적으로 타락했으며, 결코 선해질 수 없다는 뜻이죠. 하나님의 관점에서 내 행동은 모두 더러운 걸레와 같은 것이라고 말할 수 있다는 겁니다.

니키: 그건 금성인들 입장에서 보면, 부정적인 도덕적 태도 같은 거예요.

제이크: 뭐 그렇다고 치죠. *U*는 "무조건적 선택(Unconditional election)"이란 의미예요. 하나님은 구원하기 위한 일정 수의 사람들을 창조 이전부터 이미 선택해 놓으셨다는 거죠. *L*은 "제한적 속죄(Limited atonement)"인데, 오직 제한된 숫자의 사람들만이 속죄를 받아 구원의 반열에 이를 수 있다는 말이죠. *I*는 "불가항력적 은혜(Irresistible grace)"로 하나님의 은혜는 우리가 저항하거나 거부할 수 없다는 말이에요. 그리고 *P*는 "성도의 견인(Perseverance of the saints)"이라는 말로 당신이 한번 은혜 가운데 거하면, 당신은 선택된 명단에서 떨어져 나가지 않는다는 말입니다. 이게 이 교리의 전부입니다!

니키: 당신이 구원받기 이전에도, 하나님은 이미 당신이 선택받은 사람인지를 알 수가 있나요?

제이크: 그럼요. 그게 바로 예정이란 거예요. 만약 하나님이 전지하시다면 그는 이미 모든 것을 알고 계셔야 하죠. 그러니까 그는 창세 이전에 구원받기로 선택된 사람들의 이름까지도 알고 계시는 거예요.

니키: 글쎄, 그러면 모든 게 끝났군요. 음… 전부 결정되어버린 거네요.

제이크: 좀 그런 부분이 있죠.

니키: 그렇다면 난 이미 끝장이군요.

제이크: 글쎄, 당신이 외부에서 그것을 볼 때는 조금 혼란스러울 수 있다는 것은 인정해요. 하지만 당신은 내부에서 그것을 보려고 노력해야 해요.

내가 농담을 들은 것이었으면 좋겠다. 슈뢰더는 그가 속했던 전통을 소재로 해서 웃음을 선사하고 있다. 그가 우리 교파의 요리문답을 잘 배웠다는 사실은 분명하지만, 이런 상황은 분명 부적절한 것이기에 웃지 않을 수 없다. 이 장면은 마치 미국 그랜드 래피즈의 청교도 신앙을 가진 네덜란드인이, 네덜란드 도시 혹은 도르트레흐트(종종 줄여서 도르트라고 표기하는) 같은 곳에서 신학적으로 무지하고 불경스러운 한 소녀에게 17세기 장로교 교리를 엄숙하게 요약, 전달하는 것과 같다.

나를 당혹스럽게 하는 유머

나는 이 장면을 하나의 유머로 이해하면서도 다른 한편으론 당혹스러움을 느낀다. 왜냐하면 이 장면은 내 개인적인 신앙의 갈등을 상징적으로 드러내주기 때문이다. 제이크가 말한 믿음은 내게도 중요하다. 하지만 나는 대부분의 사람들이 칼빈주의를 니키가 보는 방식으로 이해하는 세상 속에서 살고 있다. 현실에 대한 경험을 이해하는 두 가지 접근 방식 사이에서 일어나는 이러한 갈등이 실제로 내 안에서는 날마다 일어난다. 나 역시 튤립을 믿는다. 나는 이 교리가 복음의 핵심을 잘 포착하고 있다고 생각한다. 하지만 또 한편으로 나는 니키와 니키와 같은 생각을 하는 사람들에게 복음이 들어가길 소원한다. 이 때문에 "당신은 우리(기독교인)의 관점으로 이를 이해해야만 합니다"라는 제이크의 대화의 결말은 나를 납득시킬 만한 대답이 될 수 없다. 나는 니키와 같은 사람들을 우리 세상으로 초대하길 소망한다.

니키의 질문에 대한 제이크의 답변 방식은, 칼빈주의자들의 전형적인 대화유형의 실상과도 같다. 이런 점에서 우리는 사도 베드로의 권면을 심각하게 고려해야 한다. "너희 마음에 그리스도를 주로 삼아 거룩하게 하고 너희 속에 있는 소망에 관한 이유를 묻는 자에게는 대답할 것을 항상 준비하되"(벧전 3:15). 제이크는 이 말씀의 문자적인 요구를 확실하게 수행했다. 젊은 여성은 제이크에게 자신이 믿는 바가 무엇인지를 물었다. 이에 제이크는 곧바로 칼빈주의의 기본교리를 말해주었다. 이는 칼빈주의자들의 전형적인 대화 습성이다. 하지만 제이크는 사도들이 요구하는 바를 전부 이해하지는 못했다. 베드로전서 3장 15절을 이어서 보면 계속해서 이렇게 말하고 있다. "그러나 온유와 두려움으로 하고"(But do this with gentleness and respect, 공손하고 친절한 태도로, 쉬운성경 번역-역자 첨가).[1]

나는 튤립 교리를 성실하게 전하는 가운데서도, 다음과 같은 사실을 인정할 수밖에 없다. 그것은 이 교리를 지혜롭지 못하게 진술하게 되면, 불신자들은 칼빈주의자들에게서 가혹하다는 느낌을 받게 된다는 사실이다. 칼빈주의자들이 "온유와 두려움"(공손하고 친절한 태도)으로 다듬어지기 위해서는 얼마간의 노력이 요구된다. 사실 나는 튤립의 가르침을 요약하는 것이, 영화 「하드코어」에서 묘사한 것과 같은 상황에서 취해야 하는 최상의 접근방식이라고 보지 않는다. 나는 튤립에 대한 니키라는 젊은 여성의 질문에 보다 효과적으로 답변할 수 있는 길이 존재한다고 생각한다. 그럴 수만 있다면 그녀의 영적 관심에 대해서 나누게 된 대화가 그녀에게 일종의 격려로 다가올 것이다. 그녀의 "금성인"으로서의 확신은 사물을 바라보는 그녀의 관점 탓인가? 만일 그렇다면 그녀의 삶의 기본적인 문제들 가운데서, 동기가 되기보다는 깊은 소망과 두려움이 되는 일은 무엇일까? 이 문제들을 짚어보면, 망가져버린 우리의 삶을 십자가를 통해 다시 회복시켜 주신 (하늘이 보낸) 구원자에게로 그녀를 인도할 기회를 찾는 것이 매우 중요한 일이라는 점을 알게 된다.

그러나 나는 칼빈주의 5대교리가 구원 계획의 이야기에 대해 매우 중요한 요소를 포착하고 있다고 믿는다. 또한 나는 그녀가 예수 그리스도를 자신의 구원자로 받아들이게 되면, 그때 비로소 칼빈주의 5대 교리(이하 튤립, 또는 튤립교리라고 표기함-역자)가 의미하는 기본적인 내용들을 이해할 수 있을 것이라고 생각한다. 그러나 나는 그녀를 온유하고 겸손한 (공손하고 친절한) 태도로 대하고 싶다.

그런데 많은 칼빈주의자들에게서 발견되는 온유와 겸손의 결여, 혹은 친절함의 결여가 비단 불신자들과의 대화에서만 그런 것이 아니다. 이런 잘못은 다른 교파에 속한 **그리스도인들**과의 관계 속에서도 나타난다. 실제로 칼빈주의자들은 동료 **칼빈주의자들**과도 각 교리의 세밀한 쟁점들에 대해 토론하면서 무례하고 교만한 모습을 자주 내비친다.

나는 이러한 칼빈주의자들의 마음과 생각 가운데 나타나는 습관들에 대해 염려스러운 마음을 가지고 있다. 그렇다면 대체 칼빈주의자들은 우리가 살아가는 이 세상에 대해 무슨 말을 해야 할까? 21세기 칼빈주의자는 어떤 존재가 되어야 할까? 튤립 교리를 따르는 사람으로서 불신자들에게 내가 믿고 있는 바를 어떻게 온유하고 겸손하게 전할 수 있을까? 어떻게 하면 칼빈주의자로서의 나의 확신을 나와는 다른 관점을 가진 동료 크리스천들에게 온유하고 겸손하게 전달할 수 있을까? 라스베가스 공항에서 하릴없이 시간을 보내며 앉아 있는 사람들에게 도르트 신경의 의미를 제대로 전달할 수 있는 방법은 무엇일까?

  이러한 주제들이 이 책을 쓰도록 나를 이끌었다. 나는 다음 장에서 이 주제들을 놓고 씨름할 것이다.

02

칼빈주의자란 호칭

만일 당신이 칼빈주의 사상에 대한 체계적 해명을 요구한다면, 이 책에서는 그 해답을 찾을 수가 없을 것이다. 그 점에 대해서는 다른 여러 책을 통해 얼마든지 찾을 수 있다. 존 칼빈의 『기독교 강요』(Institute of the Christian Religion)는 기독교의 기본 요점들을 다룬 최고의 저술이다.[2] 그 외에도 칼빈주의 조직신학을 다룬 훌륭한 대작들[3]과 칼빈주의 가르침 중 어떤 한 부분만을 간략하게 설명하거나 방어하기 위해 저술된 작은 책들도 있다. 심지어 당신은 특별히 튤립(TULIP) 교리만을 핵심적으로 설명한 자료들을 구할 수도 있을 것이다. 나는 이 문장을 쓰기 전에 "칼빈주의의 5대 요점(five points of Calvinism)"을 인터넷 검색기 구글을 통해 검색해 보았다. 거기서 약 3,000개가 넘는 검색결과가 나왔는데, 이처럼 당신은 인터넷 상에서도 칼빈주의에 대한 여러 가지 설명들을 읽을 수 있을 것이다.

나는 칼빈주의의 믿는 바가 과연 **무엇**인지를 설명해주려고 이 책을 쓰는 게 아니다. 물론 나는 이 책의 여러 행간을 통해 칼빈주의의 특징들을 제대로 끄집어낼 것이다. 하지만 나는 표준형식으로 용인되고 있는 칼빈주의의 주요 관점들을 모두 손대야 한다는 의

무감에 사로잡히지는 않을 것이다. 오히려 나는 칼빈주의의 성격과 분위기에 있어 문제가 되는 부분을 짚어내는 데 더 관심을 가지고 있다. 그래서 나는 이 책에서 21세기의 칼빈주의자가 **되는** 법이 어떤 것이냐 하는 문제에 집중하려고 한다. 초창기 칼빈주의자들과는 전혀 다른 세계를 살고 있는 이 시대의 칼빈주의자들이, 여전히 견지하고 있는 그들의 독특한 신앙관을 오늘날의 사람들에게 어떻게 연결시킬 수 있을까? 이 책은 이 시대를 사는 사람들이 현시대의 복잡성 가운데서도 자신들의 고유한 삶의 방식을 만들어내는 것처럼, 그들을 칼빈주의의 능력 속으로 끌어들이는 바람직한 방법이 어떤 것인지를 알고자 하는 사람들을 위해 쓰인 책이다.

나는 칼빈주의 자체가 왜곡된 견해라고 확신하는 사람들을 많이 만났다. 그 가운데는 칼빈주의자들이 근본적으로 기독교를 이상하게 이해하는 속 좁은 사람들이라고 생각하는 사람들도 있다. 물론, 나 역시 기독교를 이상하게 이해하는 속 좁은 사람이 자신을 가리켜 칼빈주의자라고 소개하는 괴상한 사람을 실제로 만난 적이 있다.

그런 반면 나 같은 사람도 있다. 칼빈주의에 매료된 것은 사실이지만, 너무 많은 사람들이 칼빈주의적 사상과 삶에 대해 왜곡된 관점을 견지하고 있다는 사실에 유감을 가진 사람들 말이다. 본 장을 통해 나는 이러한 오해를 풀고 싶어 하는 사람들에게 도움을 줄 수 있었으면 한다. 나아가 그들을 위한 조언을 제시하는 가운데서, 나는 그러한 오해를 계속 견지하고 있는 사람들의 관점이 실제로 변화되길 소망한다.

왜 칼빈주의라는 호칭을 달고 사는가?

내가 한 친구에게 칼빈주의에 대한 책을 쓴다고 말했을 때, 그는 칼빈주의라는 호칭을 바꾸라고 조언해 주었다. 그는 "**개혁파**에 대해서 이야기한다고 하는 것이 더 나을 것 같아" 하면서, "개혁파란 말이 좀 더 넓어 보여. 솔직히 말해서 그게 **칼빈주의**보다는 더 다정해보이기도 하고 말야"라고 말해 주었다.

나는 그의 지적이 고맙지만, 그 충고를 받아들이지 않기로 결정했다. 칼빈주의라는 호칭은 내게 매우 중요한 것이다. 나는 칼빈주의라는 호칭을 처음 사용한 조나단 에드워즈의 사상을 통해 매우 큰 도움을 받았다. 이 위대한 청교도 신학자는 칼빈주의라는 호칭이 가지고 있는 부정적인 인상을 잘 알고 있었지만, 그런데도 그는 굳이 이 용어를 끌어안기로 작정했다. 에드워즈의 위대한 작품, 『의지의 자유』(Freedom of the Will)라는 책의 서문에 보면 이런 얘기가 기록되어 있다. "하지만 **'칼빈주의'** 라는 말은, 오늘날 **'알미니안'**(Arminian)[4]이란 말보다 더 심한 비난을 받고 있다. 그러나 나는 날 구별하기 위해서라도, **'칼빈주의자'** 란 말을 거부하지 않을 것이다."[5]

에드워즈는 특별히 칼빈주의자에 대해 긍정할 뿐만 아니라, 일반적으로 호칭들이(labels) 지닌 장점이 있다고 보았다. 물론 호칭들은 그들의 구별점을 합법화시켜 주는 경우에 한해서만 도움이 된다. 다시 말해, 호칭들은 정보를 지녔을 때, 즉 그 호칭을 사용하기로 선택한 사람들에 관해 중요한 정보를 제공할 때에 도움이 된다.

나도 에드워즈처럼 어떤 "구별을 위해서" 내 스스로를 칼빈주의자라고 부르는 게 많은 유익을 준다는 사실을 발견했다. 이 호칭은 내가 믿는 것과 관련된 중요한 요점을 알려준다. 그것은 다른 신학 사상이 포착하지 못하는 부분이다. 그래서 나는 칼빈주의라는 호칭이 가지고 있는 나쁜 함축조차도 기꺼이 받아들일 준비가 되어 있다.

호칭의 위계

나는 루터파 신학자 마틴 마티(Martin Marty)가 자신이 사용한 다양한 호칭에 대해 훌륭하게 설명한 글을 읽은 적이 있다. 난 그 글을 지금으로부터 몇 십 년 전에 읽었다. 마티는 그 때까지 미주리 신경을 따르는 루터파 신자였다. 그는 자기가 루터파에 속해 있는 이유를 묻는 사람들에게 다음과 같이 답변해주었다.

다음이 내가 기억하고 있는 그의 주장이다: 그는 맨 처음 참된 인간이 되고자 했다. 그런데 인간이 되기 위한 제일 좋은 방법이 그리스도인이 되는 것이라는 사실을 발견했다. 그 다음 그는 그리스도인이 되기 위한 제일 좋은 방법이 개신교인이 되는 것임을 발견했고, 나아가 개신교인이 되기 위한 제일 좋은 방법이 루터파 교인이 되는 것임을 발견했다. 그리고 결국 그는 루터파가 되기 위한 제일 좋은 방법이 미주리 신경을 따르는 것이라는 사실을 발견했다. 이 답변 말미에 마티는 이렇게 덧붙였다. 자신은 미주리 신경을 따르는 루터파 신자로 양육을 받았기 때문에 루터파의 모든 농담을 알면서도, 정작 다른 교파의 농담에 대해서는 비웃어야만 한다는 것이 싫었다고 했다.

이 내용이 사람들에게 하나의 사소한 익살로 여겨질 수도 있을 것이다. 하지만 마티의 설명 속에는 내가 특별히 좋아하는 두 가지 요소가 내포되어 있다. 하나는 이 농담이 우리가 스스로를 특정 기독교 전통에 연결시킴에 있어서, 개인적으로 고려해야 하는 요소들의 역할을 강조하고 있다는 점이다. 마틴 마티는 "자기를 위한" 일련의 요인들을 강조하면서, 특정 교파에 대한 충성심이 형성되는 데는 그 개인의 자서전적인 고민이 큰 영향을 미친다는 점을 부인하지 않는다. 나는 신학적 충성심을 바치는 문제에 있어서, "어떤 것이든 상관없다"는 식의 태도는 분명 바람직하지 못한 태도라고 생각한다. 하지만 또 한편으로는 이 문제에 대한 우리의 선택이 개인의 영적인 필요와 관심에 의해 주어진 것으로서, 자신에 대해서는 "가장 좋은" 것처럼 보이는 어떤 요소와 관계가 있다는 점을 인정해야 한다고 생각한다.

내가 마티의 이야기를 좋아하는 또 다른 이유는, 그가 했던 모든 선택의 배후에는 기본적으로 우리의 인간성이 자리하고 있다는 점이다. 우리의 신학적 충성심에 대한 최종적인 분석요인은, 인간이라는 종과 관련해서 평가되어야만 한다. 그 신학이 미래에 우리에게 도움이 되는가 하는 문제처럼 말이다. 철학자 장 폴 사르트르(Jean Paul Sartre)는 하나님이 존재하지 않기 때문에, 모든 중요한 결정은 우리가 만들어낸 창조행위라고 주장했다. 그는 모든 선택에 내재해 있는 것은, 우리의 습관에 기인하는 인간성의 이미지라고 주장했다. 나는 이와 같은 그의 급진적인 창조적 자유개념을 받아들이지는 않지만, 그의 주장에 대한 기독교적 대응점은 받아들여야 한다고 본다. 하나님은 우리의 모든 행위로 자신을 영화롭게 하기 위해 우리를 창조하셨다. 따라서 우리의 기본적인 선택은 하나님의 창조목적을 영화롭게 하거나 치욕스럽게 만들거나 둘 중 하나다. 내가 스스로를 칼빈주의자로 자칭하기로 결정했다는 것은 (이 결정이 신중한 것이라고 한다면), 칼빈주의가 하나님의 형상으로 창조된 인간성을 회복하기에 매우 훌륭한 길이 된다는 함의를 내포하고 있다. 따라서 칼빈주의의 장점을 설명하면서, 나는 이 사상이 인간의 번영을 촉진시키는 그리스도인의 존재방식이라는 점을 보여주어야 할 의무가 있다. 마틴 마티의 설명과 유사한 방식으로, 여기서 나는 나의 선택과정을 설명하고자 한다. 첫째로, 나는 인간이다. 그러나 나는 참된 인간이 되기 위한 제일 좋은 방법이 그리스도인이 되는 것이라는 사실을 발견했다. 그 다음 나는 그리스도인이 되기 위한 제일 좋은 방법이 개신교인이 되는 것임을 발견했고, 나아가 개신교인이 되기 위한 제일 좋은 방법이 개혁파 교인이 되는 것임을 발견했다. 그리고 결국 나는 개혁파 교인이 되는 제일 좋은 방법이 칼빈주의자가 되는 것이라는 사실을 발견했다.

내가 쓴 다른 책을 읽은 사람들은 마우에게 쏙 들어맞는 옷이 **복음주의**가 아니었던가 하고 의아해할 것이다. 물론 그것도 내게는 매우 중요한 호칭이다. 실제로 나는 내가 복음주의자가 된 것이 어떻게 내 영적 여정에서 핵심적인 요인이 되었는지를 책 한 권 전체를 할애하여 설명한 적도 있다.[6] 하지만 여기서 내가 복음주의라는 호칭을 좋아하는 이유를 다시 밝히고 싶지는 않다. 다만 칼빈주의와 복음주의 모두 훌륭한 사조라는 점만 말해두고 싶다.

또 다른 독자들은 내가 개혁파와 칼빈주의라는 두 정체성 사이에 어떤 간극이 있다는 사실을 암시하는 듯한 주장, 즉 개혁파 교인이 되는 최선의 방법이 칼빈주의자가 되는 것이라는 주장을 듣고 당혹스러워할 것이다. 내가 이따금씩 특별히 칼빈주의라는 호칭을 좋아하지 않으면서도 자신의 정체성을 개혁파라고 규정하는 신학자들과 교류하고 있다는 점을 제외한다면, 나는 이 두 사상 간의 경계를 지워버리는 일종의 '빅딜'을 실행할 마음이 없다. 자기를 개혁주의자라고 규정하면서도 칼빈주의라는 호칭은 싫어하는 사람들이 왜 그런 식의 거부반응을 보이는지 충분히 알고 나서야, 내가 좋아하는 몇몇 칼빈주의 교리가 그들에게는 거북한 것으로 다가온다는 사실을 인식하게 되었다. 한 예로, 그들은 종교개혁 시대에 존 칼빈에 의해 소개된 몇몇 신학적 주제를 지지하기 위해 만든 튤립 교리를 경시하려고 한다. 하지만 나는 이 교리에 담긴 주제들을 좋아한다. 또한 "칼빈주의"를 쫓아가는 것은 튤립의 가르침에 기초를 세운 다른 여러신학적 주제들을 이해할 수 있게 해주는 안내판이 되어준다. 더불어 내 자신을 칼빈주의자로 표방하는 것은, '개혁파'와 같은 용어를 사용해 새로운(새롭다기 보다는 이상한) 교리를 교회에 계속 시험해 볼 것을 요청하는 보다 자유주의적인 사상가들의 견해와 나의 견해를 구별할 수 있게 해 준다.

또 다른 측면에서, 나는 일반적으로 초창기 개혁파 사상가들이 후대의 개혁파 사상가들에게 매우 큰 도움을 주었다는 사실을 알리기 위해 칼빈주의라는 호칭을 계속 쓰려고 한다. 나는 진심으로 종교개혁 시대의 신앙고백에 찬동한다. 특별히 네덜란드 개혁교회 전통에서 오랫동안 정통신앙을 교리적으로 정의해 온 세 편의 문서를 너무나 아끼고 사랑한다. 그 세 문서는 하이델베르그 요리문답, 벨직 신앙고백서 그리고 도르트 신경[7]이다.

내가 이 문서들에 찬동한다고 선언한 것 자체가, 이 문서들의 모든 행간을 방어하겠다는 것을 뜻하지는 않는다. 내가 칼빈대학의 교수로 재식할 당시, 그 학교가 요구했던 바를 가르쳤던 사람들은 모두 그 대학이 속한 교파를 지지한다는 서약을 한 교원들로서, 위에서 언급한 네덜란드 개혁교회 전통에서 나온 세 가지 신앙고백서에 동의한다는 서명을 했다. 언젠가 내가 정통신학에 대한 시험을 치를 때, 담당 시험관은 내가 도르트 신경의 내용에 동의한다고 주장하는 게 어떤 의미를 갖는 것인지를 설명해보라고 했다. 그 때 나는 도르트 신경을 읽는다는 사실만으로 도르트레히트 회의에 참여한 사람들이 어떤 결정을 내렸고, 왜 그렇게 했는지를 확신하게 되는 것은 아니라고 대답했다. 하지만 그것이 재시험을 치고 싶다는 뜻으로 말한 것은 아니었다.

이 신앙고백서들은 오늘날과는 다른, 역사의 한 특정한 시대에 속한 언어로 내게 말한다. 하지만 그 문서들이 기본적으로 가르치는 바는 내게 충분히 설득력 있는 것으로 다가온다. 그 문서들은 칼빈주의적 정통주의의 경계 안에 머무르려고 하는 내게 중요한 참조점이 된다. 여기서 그 문서들이 내게 참조점이 된다고 하는 것은, 내가 정말로 그 문서들을 자주 참조하고 있다는 사실을 의미한다. 나는 이 신앙고백서를 연구하는 것이 칼빈주의의 기초를 정기적으로 다져나가는 데 있어 매우 중요한 부분이라고 생각한다. 나의 좋은 친구들(특별히 그리스도인인) 가운데 몇몇은 이 입장을 고수하고 있다. 물론 내가 이 중요한 문제에 대하여 다른 사람들과 논쟁하길 좋아하지만, 우리의 선조라고 할 수 있는 칼빈주의자들이 사용했던 거칠고 신랄한 언어까지 좋아하는 것은 아니다. 그래서 나는 이 오래된 문서들을 읽을 때면, 늘 그 안에 있는 수사학적 불순물을 여과시키는 습관이 있다.

나는 어떻게 해서 칼빈주의자가 되었나

내가 칼빈주의자라는 확신을 가지게 된 것이 정확히 언제인지는 알 수 없다. 하지만 내가 그러한 확신을 어떻게 갖게 되었는지는 확실하게 기억한다. 대학 1학년 시절, 나는 기독교 교리를 매우 딱딱하게 설교하는 개혁파 교회에 정기적으로 출석하고 있었다. 그 교회의 설교자는 학자 스타일의 목사였는데, 그는 교회 주보에다가 자신의 설교를 세밀하게 요약해 놓는 사람이었다. 그가 설교하는 예배에 참석했던 주간에, 그는 도르트 신경(1618-19)에 의해서 채택된 정경에 대해 상세하게 가르치고 있었다.

그런데 그의 설교가 나의 신앙형태를 조금씩 바꾸어 놓았다. 나 역시 그러한 변화를 즐겼다. 나는 복음주의적 신앙형태 중에서도 반지성주의적인 배경 속에서 자랐다. 때문에 대학시절 경험한 그러한 지적인 설교는 그 전까지는 결코 경험하지 못한 일이었다. 나는 그의 설교 중 현실적인 부분들을 특별히 좋아했다. 점점 도르트 신경에 내포된 칼빈주의가 내게 거부할 수 없는 사유체계로 다가왔다. 칼빈주의가 기본 전제는 어떠한 소망도 없는 상황에서 주권적인 은혜로 죄인들을 구원하시는 전능하신 하나님에 대한 것이었다. 이 얼마나 강력한 내용인가!

하지만 이러한 칼빈주의의 강력함이 나를 끊임없이 괴롭혔다. 칼빈주의의 전 체계가 칙칙한 분위기에 사로잡힌 예배형식을 조장하는 것처럼 보였기 때문이다. 설교는 탄탄했지만 복음적 열정은 부족했던 것이다. 예배의 다른 어떤 부분에서도 그러한 열정을 보여주지는 못했다. 이에 나는 어떤 보완이 필요하다고 생각해서, 그 교회에 보조를 맞추면서도 나의 신앙을 자라게 하는데 중요한 부분이었던 영적 열정을 어떤 식으로든 보충하기로 결심했다. 그래서 주일 오후 시간을 활용해 나는 19세기 영국 침례교의 위대한 설교자인 찰스 스펄전(Charles Spurgeon)의 설교를 한 편씩 읽기로 했다.

부모님은 내가 고등학교에 다니자 찰스 스펄전의 설교전집 가운데 몇 권을 보내주시기 시작하셨다(결국 나는 20권 전권을 모두 갖게 되었다). 그분들의 동기는 너무도 확실했다. 부모님은 아들에게 설교자인 아버지의 모범을 따르도록 권면하기 위한 좋은 방법이, 아버지의 책장에 꽂혀 있는 다량의 설교집을 보내주는 것이라고 확신했던 것이다! 우리 부모님이 스펄전의 신학을 자세히 알고 있었는지는 잘 모르겠다. 그렇지만 복음주의권에서는 늘 스펄전을 "설교의 황태자"라고 칭송하기 때문에 부모님이 스펄전의 지혜를 통해 내게 접근하려고 한 것은 그리 이상한 일이 아니었다. 실제로 나는 대학생이 된지 얼마 안된 몇 달 동안 스펄전의 설교를 읽기 시작했다.

그러던 중 어느 주일날, 내가 다니던 교회의 개혁파 설교자가 선택교리에 부합하는 강한 예화를 제시했다. 그 때 나는 친구 한 명과 그 예배에 참석했다. 그 당시 나는 설교를 듣고 캠퍼스로 돌아가면서 방금 같이 들었던 그 설교에 하마터면 설득될 뻔 했다고 친구에게 말한 것으로 기억한다. 그는 예전부터 그런 신학적 환경 속에서 자라난 친구였기 때문에, 내가 그 설교에 대해 약간의 저항이 있다는 사실을 알고 당혹스러워 했다. 그를 통해 선택교리에 대한 논변을 다시 들었지만, 그것은 내게 별 도움이 되지 않았다. 왜냐하면 나의 의심은 논리와는 별 상관없이 생긴 것이었기 때문이다. 나는 이 교리가 사람을 **흥분케할** 만한 것은 아니라고 염려했다. 누가 이 주제를 가지고 영적인 열정에 사로잡혀 설교할 수 있을까?

그 날 오후 나는 스펄전 전집 가운데 한 권을 펼쳐 목차를 보면서 내 주의를 집중시키는 주제가 있는지 죽 훑어보았다. 그 때 나는 한 단어로 된 설교제목을 보고 깜짝 놀랐다. "선택." 나는 즉시 그 설교문을 읽었다. 그 설교문을 다 읽었을 때, 선택교리가 내가 늘 견지해 온 신학적 입장이었다는 사실을 깨닫게 되었다. 아침에 들었던 개혁파 설교자의 선택교리에 대한 가르침이 나의 지성을 강하게 내리치는 것이었다면, 스펄전은 동일한 주제로 내 영혼의 깊숙한 곳이 움직일 수 있음을 보여주었다.

나는 최근에 이 책을 쓰려고 준비하면서 스펄전의 설교를 다시 읽었다. 나는 아직도 그 설교의 능력을 경험하고 있다.[8] 물론 지금은 이 주제에 관해 내가 가장 좋아하는 스펄전의 설교가 따로 있다 (나는 다음 장에서 이 주제를 설명하는 데 참조하려고 하는, "칼빈주의에 대한 방어"라는 그의 훌륭한 시론을 나중에 가서야 찾을 수 있었다).[9] 하지만 학부시절 읽은 그 설교는, 내가 매우 소중하게 생각하는 (기독교인으로서의) 통전적인(integrated) 삶을 살고자 하는 노력의 가장 기본적인 요소로 여전히 내 삶에 개입하고 있다 – 여기서 내가 의미하는 통전적 삶이란 신학적 관용, 하나님 주권의 현존에 대한 경외심, 거룩한 삶에 대한 깊은 열망, 복음의 열정 등을 말한다.

나는 여러 가지 복잡한 도전들을 겪게 되는 풋내기 학부생 시절까지는 장차 당면할 일에 대해 조금도 알아챌 수가 없었다. 하지만 얼마 지나지 않아 나는 신앙의 기본이 흔들리는 심각한 회의의 시기를 보내게 되었다. 격동의 시기였던 1960년대 세속 대학의 대학원생으로서, 나는 정의와 평화의 문제와 관련한 투쟁을 피할 수 없었다. 하지만 그 모든 경우에도 나는 결국 칼빈주의가 내게 이러한 도전들을 다룰 수 있는 근거를 제공해준다는 사실을 발견했다. 그 당시 나의 신앙여정은 칼빈주의 전통 안에 있는 새로운 풍요로움을 지속적으로 발견하는 시기였다.

하지만 나는 처음에 받아들였던 기본적인 가르침을 제외시켜서는 그 풍요로운 요소들을 발견할 수 없다는 사실 또한 알고 있다. 따라서 이제 나는 칼빈주의의 핵심에 놓여있는 교리들에 대해 약간의 생각거리를 독자들에게 제시하려고 한다.

03

순전한 칼빈주의

도대체 칼빈주의의 문제는 무엇인가? 칼빈주의를 방어하려는 사람들이 설명하는 그 모든 신학적 규정 밑으로 내려가 보면 결국 무엇이 나올까?

나는 여기서 "순전한"(Mere) 칼빈주의에 대해 설명할 것이다. 그러나 이 작업이 위험스러운 것임을 충분히 자각하는 가운데서 그렇게 할 것이다. C. S. 루이스는 기독교 신앙의 기본을 『순전한 기독교』(Mere Christianity)라는 책을 통해 섬세하게 설명했는데, 나는 이를 언제나 진지하게 고려해왔다. 그러나 이따금 루이스가 "순전함"의 올바른 의미를 캐내는데 실제로는 실패했다고 느끼는 사람들을 만나곤 한다. 그들은 루이스가 어떤 특정한 기독교 진영에만 호의적인 입장을 취함으로, 다른 진영들에 대해 편견을 가지게 했다고 생각한다. 그렇다 해도 나는 그가 한 노력을 기쁘게 생각한다. 그의 작업은 기독교에 대한 "순전한(단순한, mere)" 이해와 "보다 많은(more)" 이해 간의 차이가 보여주는 이점을 거칠게나마 제시해 주었다. 그와 똑같은 것이 칼빈주의에 대한 이해에도 유효하다. 나는 칼빈주의 사상의 풍요로움에 관한 "보다 많은" 이해에 관심이 많다. 여기서도 이 부분에 대해 꽤 많은 주의를 기울일 것이다. 하지만 먼저 내가 "순전함"을 어떻게 이해하고 있는지를 명료하게 보여줄 필요가 있다.

튤립 표현하기

칼빈주의자가 아닌 신자가 있다고 치자. 그가 스스로, 일종의 신학적 고민을 하기 이전에, 도르트 신경을 읽는다는 것이 얼마나 어려운 일인지 생각해 본 적이 있는가? 이를 염두에 두고 이 신앙고백서를 읽어보는 것은 재미있는 경험이 될 것이다. 내 어림짐작으로 그 글은 행간의 여백 없이 350단어 정도가 나열되어 있다. 도르트 신경은 해당 교리의 첫 번째 주제를 다룬 처음 다섯 조항의 분량만으로도 당신을 압도해버릴 것이다. 첫 번째 교리 제1장은 우리 모두가 죄인이라는 것과 하나님의 의로운 심판이 가지고 있는 가치를 설명해주고 있다. 2장은 요한복음 3장 16절에 나오는 하나님의 사랑을 묘사하고, 3장은 복음 전파의 중요성을 강조한다. 4장은 복음에 대한 인간의 반응을 두 가지 다른 반응(수용과 거부)으로 짚어주고 있다. 그리고 5장은 죄인으로 남은 불신자에 대한 책임과 다른 한편으로 구원이 믿는 자에게 주어지는 값없는 선물이란 점을 명쾌하게 진술한다.

어떤 사람들이 본문의 뉘앙스를 다르게 인식할 수 있다는 점을 인정하더라도, 지금까지는 이러한 진술들을 대체로 옳은 것으로 본다. 그러나 논쟁이 되는 주제가 나타나면 이야기가 달라진다. 6장에서 보듯 "하나님의 영원한 결정에서 나온" 신앙의 선물을 인간이 받아들이느냐 받아들이지 않느냐 하는 문제와 7장에서처럼 하나님의 선택에 대한 세부적 규정이 제시되면 논란이 발생하게 된다. 더군다나 여기서부터 22장까지는 신학적 설명과 관련한 칼빈주의적 콤플렉스가 점점 더 많이 드러나게 된다. 대체로 칼빈주의자들은 튤립(**TULIP**)이란 약어가 기독교의 기초교리를 아주 잘 그려내고 있다는 사실에 이의를 제기하지 않는다!

T = 전적 부패(total depravity)

U = 무조건적 선택(unconditional election)

L = 제한속죄(limited atonement)

I = 불가항력적 은혜(irresistible grace)

P = 성도의 견인(perseverance of the saints)

여기에 내가 문제의 핵심을 보는 방법이 있다. 칼빈주의자들이 다른 신학 체계와 차이를 보이는 지점은 지속적으로 **하나님의 주권**에 핵심적인 강조점을 둔다는 것이다. 튤립교리는 **구원론**(구원에 관한 신학)에 촛점을 둔다. 따라서 이 교리는 다음과 같은 기초적인 질문에 대해 다소 복잡한 답변을 제공한다. 즉 "인간은 어떻게 하나님의 의를 얻게 되는가?"하는 질문이다. 이에 대한 근본적인 대답은, 튤립의 철자들이 말하고 있는 대로, 하나님이 모든 것을 행하셨다는 것이다. T는 소망이 없는 인간의 조건에 대해 묘사한다. 우리는 혼란 속에 처해있고(아담의 타락으로 우리는 죄인이 되었다는 오래된 모토에서 보듯), 인간의 노력을 통해서 이 상태를 벗어나기에는 우리가 너무 무능력하다. 만일 이러한 인간의 절망적인 조건에서부터 우리가 구원을 받는다면, 이는 오로지 하나님이 주도적으로 역사하셨기 때문에 그렇게 된 것이다(그래서 U다). 실제로 하나님은 이를 위해 중대한 일을 행하셨다. 하나님은 자신의 독생자를 세상에 보내셔서(여기에 L이 있다) 영생을 얻기로 미리 선택받은 사람들의 죄를 사해주셨다. I: 하나님께 선택받은 사람은 그에게 저항할 수 없다. 그리고 P: 일단 선택받은 자들이 하나님과의 진정한 교제를 하게 되면, 하나님은 결단코 그들을 버리시지 않는다.

　이 모든 것의 핵심에는 하나님의 주권에 대한 강한 확신이 있다. 물론 칼빈주의자들만이 하나님의 주권을 믿는 것은 아니다. 그런 주장은 다른 신학적 입장을 가진 많은 그리스도인들과 대치하게 되는 잘못된 증거를 낳을 수 있다. 하지만 그럼에도 다른 전통과는 달리, 칼빈주의는 하나님 주권 사상을 격하시키는 여타 신학적 요점들을 완전히 거부함으로써, 하나님의 절대 주권을 적극적으로 강조하려고 한다. 이러한 태도는 인간의 책임이란 주제를 다루는 데서 가장 확실하게 드러난다. 성경은 하나님의 주권과 기본적인 선택에 대한 인간의 책임을 다같이 이야기하고 있다. 칼빈주의도 이 둘을 모두 인정한다. 내가 이제까지 관찰한 바에 따르면, 특별히 칼빈주의자들의 가르침에까지 이르지 않더라도, 도르트 신경 자체가 이미 복음을 거부하는 사람들의 책임을 묻는 하나님의 면모를 강조하고 있다는 사실을 알 수 있다.

그러므로 다른 여러 신학 체계와 마찬가지로 칼빈주의 역시 분명히 인간의 책임을 인정하고 있다. 하지만 칼빈주의자들이 하나님의 주권과 인간의 자유의지 간의 관계를 설명하려고 시도할 때는, 하나님의 능력을 제한하는 방식으로 논의를 애매하게 전개시키기보다, 약간의 위험을 감수하더라도 하나님의 주권을 보호하는 데 더 중점을 둔다. 우리는 인간의 자유에 제한을 가하는 인상을 주지 않기 위해 하나님의 절대 주권을 부인하는 여러 그리스도인들을 본능적으로 반대한다.

스펄전은 이 점을 훌륭하게 지적했다. 그는 "만일 누가 나에게 칼빈주의자들이 의도하는 것이 무엇이냐고 질문한다면, **구원은 주님께 속한 것**이라고 말할 것이다"라고 적고 있다. 그는 다른 그리스도인들도 동일한 주장을 하리라는 것을 안다. 하지만 칼빈주의자들은, 스펄전에 의하면, 어떤 사람이 "구속자의 사역에 다른 어떤 것을 더하는 것"[10]은 필연적인 일이라고 주장할 경우 강한 알레르기 반응을 일으킨다. 이처럼 칼빈주의는 구속자의 사역에 그 어떤 것도 첨가하려고 하지 않는다. 칼빈주의자들은 우리의 구원을 가능케 하는 하나님의 주권에 대해 남다른 관심을 지속적으로 환기시킨다.

T(Total Depravity): 우리 인간의 상태

하나님의 주권에 대한 강한 강조는 인간의 상태에 대한 칼빈주의적 이해와 밀접하게 연관되어 있다. 왜냐하면 내가 이미 고찰했던 것처럼 튤립교리라는 것이 구원론(인간이 구원을 받을 수 있는 길이 어떤 것인가 하는 문제와 관련해서)에 초점을 맞춘 가운데, 부패한 상태에 처해있는 타락한 피조물로서의 인간의 위치를 강조하고 있기 때문이다. 그런데 이 부분에 보다 기본적인 논점이 자리 잡고 있다. 즉, 설령 우리가 타락하지 않은 존재라 해도, 우리는 하나님의 선의지(goodwill)에 전적으로 의존할 것이다. 이 지점에서 스펄전의 말이 다시 한 번 우리를 도와준다. 스펄전은 이 점에 대해 이렇게 주장한다. 설령 우리가 **타락하지 않은** 인간과 언약 관계를 맺는 하나님에 대해 생각할지라도, 스펄전이 보기에는, 인간이란 존재는 "너무나 보잘 것 없는 피조물이라서 언약의 체결은 주님 편에서는 너무나 은혜로운 자기 낮춤의 행위밖에 되지 않는다." 하지만 하나님이 **타락한** 인간과 같이 "너무나 무례한 피조물"과 언약을 맺는 것은 "순수하고, 자유롭고, 부요하고, 주권적인 은혜"일 수 있다.[1]

두 말할 것도 없이, 칼빈주의자들은 인간의 부패에 대한 사례를 정당화하는데 즐겨쓰는 증거들을 가지고 있다. 하지만 스펄전이 "내가 인간 심성의 부패교리에 집착하는 것은, 내 심중이 부패했다는 사실은 물론 내가 거하는 육신도 잘못되었다는 사실에 대한 증거를 날마다 발견하고 있기 때문"이라고 주장할 때, 우리는 그가

이 교리와 관련된 또 다른 중요한 기초적 요점을 포착하고 있음을 알아야 한다.[12]

그것은 이제 확실히, 다른 방향으로 적용할 수도 있는 **경험**에 호소한다. 자신이 받은 칼빈주의적 교육의 재미난 부분을 자신의 작품에 도용하길 즐겨했던 피터 드 브리스(Peter De Vries)가 쓴 재미난 종교 풍자소설 가운데 하나를 보면, 경건한 아버지와 함께 살던 젊은 시절 그의 성격(자유주의 신학을 하는 목사를 척결한 경력이 있는 네덜란드 칼빈주의자 가정의 교육환경에서 떠난)을 알 수 있게 해주는 튤립교리에 관한 대화 하나가 묘사되어 있다(아마 부분적으로는 픽션인 것 같다). 그는 튤립의 T를 평가하면서, 자신에게 싹튼 신학적 회의감을 아버지에게 다음과 같이 표현했다. "자! 한 번 보세요. 사람은 완벽하게 나쁘진 않다구요. 아버지를 한 번 보세요. 아버지는 좋은 면을 갖고 있어요. 사실 내가 보기에도 아버지는 정말 좋은 사람이에요."[13]

이런 식의 판단은 또한 우리의 **경험**을 통해서도 기술될 수 있을 것이다. 우리들 대부분이 아주 좋은 면모를 날마다 보여주는 사람들과 더불어 살고 있다. 비열하고 이기적인 난봉꾼만 만날 것이라 생각하면서 세상으로 발걸음을 옮기는 칼빈주의자들은 틀림없이 기본적으로 뭔가 부족하다는 것을 발견하게 된다.

심지어 개혁교회의 신앙고백서조차도 이 문제에 대해서는 애매한 태도를 취한다. 하이델베르그 교리문답은 스펄전이 "내 육신 안에 선한 것이라곤 아무것도 없다는 증거를 날마다 발견한다"고 했을 때, 그와 똑같은 종류의 자격없는 인간이라는 판결을 제공한다. 그 교리문답에 의하면, 우리는 구원의 은혜 외에는 **어떤** 선도 행할 수 없다.[14] 이에 반해, 도르트 신경은 중요한 수식구를 넣어서 표현하고 있는데, 이 신경은 모든 인간이 "죄 속에서 잉태되어 본질상 진노의 자식으로서 선행을 할 수 없고 죄악에 빠져서 죄 가운데 죽을 수밖에 없는 노예가 되었다"[15]고 명시한다. 즉, 우리는 구원에 기여할 수 있는 어떤 선도 행할 수 없다는 것이 이 신조의 중요한 방점이다.

나는 도르트 신경이 이 주제에 관한 신학적 요점을 보다 깔끔하게 전달해주고 있다고 생각한다. 이런 관점에 근거해 몇몇 칼빈주의 신학자들이 우리의 타락이 **전적인(total)** 것이라는 사실을 밝혀주는데 도움이 되는 설명을 제공해 주었다. 여기서 전적(total)이라는 말은, 구원을 받을 만한 어떤 일을 행하기에는 우리가 전적으로 무능하다는 것뿐 아니라 죄가 우리 본성의 모든 부분에 영향을 미쳤다는 것을 의미한다. 하지만 그것이 마치 우리의 죄악된 본성에서 나온 사고와 욕망, 행위 하나하나가 완전히 타락했다는, **절대적인(absolute)** 의미의 타락을 뜻하는 것은 아니다. 인간에게서 선한 것이 나온다는 것은 분명하다(거듭난 자와 거듭나지 못한 자 모두를 포함해서).

그럼에도 경험에 호소하는 스펄전의 주장을 부정할 수는 없다. 사실, 나는 그가 **그리스도인**의 경험에 대해 정확하고 올바른 묘사를 하기 위해 구원의 문제 이전에 영혼의 상태에 대해 묘사했다는 사실을 알고 있다. 스펄전은 "더러운 짐승과 새들의 소굴이 바로 나의 마음이었다. 나의 변화 받지 못한 의지는 너무나 완강했으며, 하나님의 주권에 크게 반발하며 강퍅한 마음으로 그것을 대했다" 라고 말했다.[16] 여기서 묘사된 인간의 이미지는 내가 여전히 매일의 삶 속에서 경험하는 바를 잘 포착하고 있다. 나는 영국의 소설가 이블린 워(Evelyn Waugh)가 한 이야기에 깊은 연민을 느낀다. 누군가가 이블린 워에게 당신은 그렇게 비열한 사람이면서도 어떻게 그리스도인이라고 할 수 있느냐고 따졌다. 이 같은 추궁에 그는 이렇게 대답했다. "그리스도인이 아니었다면 사람 구실도 못했을 겁니다."

나는 내 삶 속에서 저지른 수많은 악행을 기억한다. 내가 그런 짓을 했다는 사실이 시시때때로 나의 어깨를 짓누른다. 내가 일곱 살 때 저지른 일이 한 예가 될 것이다. 나와 한 친구는 학교에서 나와서 함께 걸어가고 있었다. 우리는 기찻길을 따라 나 있는 지름길을 지나가기로 마음먹었다. 그 때 석탄을 운반하는 기차가 철로를 지나고 있었는데, 그 기차에서 떨어진 석탄덩어리가 그 부근에 널려 있었다. 우리는 거의 매일 아침마다 통을 들고 걸으면서 석탄을 주워 담아가는 우리보다 어린 한 아이를 보았다. 우리는 그가 매우 가난한 아이란 걸 알고 있었다. 그는 부모님도 안 계셨고, 석탄가게에 자신이 주워 모은 석탄을 팔아가며 하루하루 살아가는 아이였다. 어느 날 우리는 그가 가지고 있는 통이 가득찰 때까지 수풀 속에 숨어 있다가 갑자기 뛰어들어서 그 아이를 땅바닥에 내동댕이치고,

석탄을 사방에 던져버렸다. 그 아이는 울기 시작했고, 우리는 그를 비웃으면서 달아났다.

땅에 쓰러져 우는 그 아이의 모습이 아직도 내 눈에 생생하게 아른거린다. 난 이따금씩 그 때 일을 생각하면 지금도 눈물이 흐른다. 아무런 이유 없이 악을 행할 때 내 마음이 어떠했을까를 상상해 보지만, 난 그 마음 상태를 도무지 헤아릴 수가 없다. 나는 그 때 기쁨의 눈물을 흘리며, "예수님은 어린 아이를 사랑하신다네. 세상의 모든 어린 아이를"이라는 노래를 부르기 좋아했던 그 아이를 이해하지 못했다. 확실히 그 경험은 칼빈주의자가 전적부패 교리를 방어할 때 자주 인용하는 성경 본문을 이해하는데 큰 도움이 되었다. 나는 그 교리를 지극히 개인적인 방식으로 이해하고 있다. 예레미야가 전해주는 것처럼, "그 어느 것보다 비뚤어진 것은 사람의 마음이다. 사람의 마음은 심히 악하기 때문에 아무도 그 속을 알 수 없다"(렘 17:9). 또한 아우슈비츠의 가스실로 유대인들을 떠밀었던 나치의 군인들이 "그리스도인"이었다는 글을 읽고 치를 떨었을 때, 니도 그들처럼 비열한 짓을 할 수 있는 존재라는 사실을 마음속 깊이 깨달았다.

다른 여러 그리스도인들이 전적 타락 교리를 찬성할 이유가 없다고 내게 주장할 때, 나는 그들이 틀렸다는 결정적인 논변을 줄 수 없을 수도 있다. 하지만 나는 그 교리가 단지 신학적으로 건전하다는 이유만으로 수용하는 게 아니다. 나는 내 존재의 심연에서 그 교리가 진리임을 **느끼고** 있는 것이다.

The U(Unconditional Election): 하나님의 선택하심

나는 십계명 중 한 부분을 유대인 청중들 앞에서 강연해달라고 초대를 받은 적이 있다. 그 때 나는 나를 칼빈주의자로 소개하면서 이야기를 시작했다. 내가 속해 있는 세계는 다른 어떤 기독교 전통보다도 시내산에서 주어진 율법에 훨씬 더 많은 주의를 기울인다는 말도 덧붙이면서 말이다. 강연이 끝나고 한 쌍의 유대인 부부가 내게 감사의 말을 전하러 왔다. 그들은 내가 칼빈주의라는 입장을 표명한 것에 대해 당황스러워하긴 했지만, 그런 나의 솔직한 말에 감사한다는 말을 해주었다. 그 부인은 이렇게 말했다. "당신은 좋은 사람 같아요. 우리가 생각해왔던 칼빈주의자의 이미지는 아닌 것 같네요." 남편도 잽싸게 한 마디 거들었다. "그래요. 칼빈주의자들은 하나님께서 어떤 사람은 선택했고, 또 어떤 사람은 택하지 않았다고 믿지 않나요? 그렇다면 그건 정말 끔찍한 믿음같아 보여요!"

난 논의를 더 확대시키지 않았다. 대신에 나는 칼빈주의에는 그보다 더 복잡한 무엇이 있다고 말했다. 그리고는 그들과 헤어지기 전에 몇 마디 덕담을 주고받았다. 이 대화를 반성해보면서, 나는 하나님의 선택을 특징으로 내세우는 사상체계에 대해 불만을 표하는 유대인들의 종교적 유머 때문에 머리가 복잡해지기 시작했다. 선택이라는 개념은-칼빈주의 안에서 보다 "통합적인" 개념으로 인정받는 것으로서-유대인들의 신앙에 있어서도 핵심을 차지하는 것이다. 하나님은 아브람을 부르셔서 이스라엘과의 관계를 맺기 시작하셨다. 하나님은 그를 우르에서 따로 불러내셔서 복을 내리시기로 약속하셨다. 나중에 하나님께서 이스라엘 백성들을 애굽과 가나안, 그리고 블레셋(팔레스타인) 등에서 불러내셔서 특별히 관리하셨다는 것은 분명한 사실이다.

  칼빈주의자들이 말하는 선택과 불가항력적 은혜라는 것은 단순한 지적 추상이 아니다. 이 개념들은 우리 삶 속에 나타나는 하나님의 선택이라는 실제적 경험을 포착하고 있다. 언제인가 나는 자신이 어떻게 그리스도인이 되었는지에 대해 감동있게 말해준 기독교인 학자와 이야기를 나눈 적이 있다. 그는 특별한 양육과정을 거치지 않았다. 갈급함 속에 처해 있던 영적문제를 확인할 길도 없었다. 그와 그 아내는 둘 다 대학교수였고, 그들의 주일 아침예배는 베이글을 먹으면서 「뉴욕타임스」를 읽는 것이었다. 그러던 어느 주일 아침, 그는 늘 하던 대로 하지 않고 한 감독교회를 지나가게 되었다. 그는 회중들의 찬양소리를 듣게 되었고, 그때 놀랍게도 그는 교회에 들어가 의자에 앉아야 한다는 강한 느낌을 받았다. 이윽고 자리에 앉은 교수는, 사죄기도문을 회중들과 함께 읽어 내려갔다. 그들은 이렇게 기도했다. "우리는 양 같아서 당신에게서 달아났습니다. 그런 우리에게 안식은 없습니다. 우리에게 자비를 베푸소서, 자비를 베푸소서, 자비로우신 아버지여." 그 교수는 내게 말했다. 그때 나는 비로소 내 집에 돌아온 것 같은 신비로운 경험을 했노라고. 그가 집에 돌아왔을 때, 아내는 "당신 어디서 오는 길이 예요?"라고 물었다. 그는 이러한 아내의 질문에 대해 다음과 같이 대답하는 자신에게 다시 한번 놀랐다. "내 생각에 나는 지금 막 그리스도인이 된 것 같아!" 한 주가 지나고 두 사람은 함께 교회에 나갔다. 그리고 얼마 지나지 않아 그들은 세례를 받고, 그리스도에 대한 신앙을 고백했다.

이 간증은 친히 손을 내미시고 인간을 붙들어주시는 하나님의 능력을 나타내는 것으로, 나의 경험상 종종 볼 수 있는 사건이다. 하지만 하나님과의 만남이 이처럼 극적이지는 않다 하더라도, 우리 가운데 많은 그리스도인들이 자신의 의지를 거스르는 강력한 힘에 의해 신앙이 일어난다는 사실을 인정할 것이다. 이러한 측면에서도 칼빈주의는 실제 사실들을 잘 포착하고 있다. 확실히 이 가르침은 하나님의 선택에 관해 말해주는 성경 텍스트들에 근거한다(한 예로, 행 13:48-"영생을 주시기로 작정된 자는 다 믿더라"). 칼빈주의자들은 이 점에 대해 극도로 신중한 입장을 취한다. 그러나 이 가르침은 실제로 일어나는 사건들과 잘 부합하기도 한다.

이제, 나는 하나님의 선택의 유형이 공정하지 않다고 말하는 사람들을 이해해보고자 한다. 왜 하나님은 이 사람은 택하시고 저 사람은 택하시지 않는 것일까? 이 선택은 제멋대로 이루어지는 게 아닌가? 나는 이러한 불만을 충분히 이해하고, 또 이를 심각하게 고려한다. 하지만 솔직히 말해서, 이 문제는 칼빈주의를 향해 적절하게 제기된 문제는 아닌 것 같다. 오히려 그것은 삶의 현실에 대한 불만으로 이해할 수 있다. 칼빈주의자가 아닌 그리스도인 친구가 하나님께서 특정한 어떤 사람을 택하신다는 것을 어떻게 믿을 수 있냐고 내게 물었을 때, 그것은 많은 경우 인간의 삶의 문제와 관련한 문제제기인 것처럼 보인다. 그녀는 1950년 일리노이에서 태어나서, 어린 시절 기독교 공동체를 통해 양육을 받았다. 그녀의 신앙은 선생님, 친구, 그리고 여러 신앙서적들을 통해 자연스럽게 자라나게 되었다. 이 경우 그녀는 북한의 외딴 시골에 사는 그녀 또래의 사람보다 영적으로 훨씬 더 큰 특권을 누리고 있는 것이다. 내 친구가 그녀의 삶 속에 임한 하나님의 은혜를 검증할 때, 그녀는 자기의 삶을 이끄신 주님의 특별한 축복을 일말의 불안감도 없이 받아들일 것이다. 만일 그녀가 북한이라는 나라에 있었다면 가질 수조차 없었을 그런 축복을 말이다. 칼빈주의가 하나님의 선택이라는 것을 창안해낸 것인가? 아니면 실제로 우리의 삶에서 경험하는 것들을 있는 그대로 인식한 것 뿐인가?

  나는 문제를 사소한 것으로 만들려고 하는 것이 아니다. 나는 영적인 불평등을 포함하여 공동체 내의 불평등에 대해 크게 염려하고 있다. 나는 칼빈주의가 스스로 자기의 상황에 만족해버리는 태도를 가지지 않았으면 한다. 나중에 나는 이런 태도가 내포하고 있는 유혹, 특별히 칼빈주의자가 걸려들기 쉬운 이러한 유혹의 손길에 대해 나의 생각을 풀어낼 것이다. 분명 주님은 우리를 택하셨을 수 있다. 하지만 우리가 지닌 선택의 지위는 희희낙락거리기 위한 의도에서 부여된 것이 아니다. "선택은" 책임을 요구한다. 이에 대해서는 뒤에 가서 더 상세히 다룰 것이다.

L(Limited Atonement): 완성된 미션

1961년 유니테리언들과 보편구원론자들은 함께 힘을 합쳐 유니테리언 유니버설리스트 협회(Unitarian Universalist Association)라는 새로운 교파를 만들었다.[17] 두 진영 모두 미국에서 활동해 온 단체로(유니테리언은 1825년 이후, 보편구원론자들은 1793년 이후), 각자의 고유한 신학적 입장을 발전시켜온 교파였다. 그들이 하나의 교파를 이루었을 때, 한 영리한 비평가는 이것을 다른 신학 위에 형성된 집단 간에 이루어진 새롭고도 흥미로운 결합이라고 평가했다. 보편구원론자들은 하나님이 우리에게 저주를 내리시기에는 너무나 선한 분이라고 믿었고, 유니테리언들은 우리가 하나님의 저주를 받기에는 너무나 선한 존재라고 믿었다.

이렇게 짧은 신학적 유머로 요약될 수 있는 유니테리언의 가르침이 내게 주는 매력은 거의 없다. 하지만 그들이 걸고 있는 기치에는 보편구원론적인 논리가 존재한다. 실제로 초창기 보편구원론자들은 의식적으로 칼빈주의자들이 쓰는 용어를 통해 자기들의 표상을 만들어냈다. 미국의 보편구원론 운동을 연구했던 한 역사가의 말처럼, 유니버설리스트의 창시자들이 견지했던 신학은 "(이들의) 선택 개념은 그 선택에 모든 사람을 포함시키는 것, 즉 본질적으로는 칼빈주의의 급진적 형태를 취했다."[18] 이런 생각을 가진 사상가들은 우리가 어떠한 소망도 없는 죄인이며, 또한 구원은 은혜로만 이루어지는 것이기 때문에, 하나님이 궁극적으로는 모든 사람에게 구원을 베풀 것이라고 생각하지 못할 하등의 이유가 없다고 말한다. 그들은 우리가 하나님의 은혜와 격리되어서 그 분을 믿지 않는다 하더라도, 하나님께서 자신을 믿지 않는다는 이유 하나만으로 사람들을 구원하시지 말아야 하느냐고 묻는다.

이러한 보편구원론자들의 생각은 그리스도가 우리 모두를 위해 죽으셨지만 모든 사람이 구원받지는 못할 것이라는 믿음에 얼마간의 문제가 있다고 본 전통적 칼빈주의자들의 생각에 동의한다. 칼빈주의자들은, 모든 사람이 다 구원을 받는 것은 아니기 때문에 그리스도가 모든 사람을 위해 죽은 것도 아니라는 주장에 대해 오랫동안 반대해왔다. 그런데 보편구원론자들은 이런 입장을 약간 비틀어서 활용한다. 그들은 그리스도가 모든 인간을 위해 죽으셨기 때문에, 모든 인간이 다 구원받을 것이라고 주장하는 것이다.

나는 성경이 보편구원론보다는 확실히 칼빈주의를 지지한다고 생각한다. 하지만 그리스도가 모든 사람을 위해 죽으셨지만 모든 사람이 구원받는 것은 아니라는 생각에 맞서기 위해서 우리 칼빈주의자들은 몇몇 난해한 성경 본문들에 직면해야 한다. 성경의 저자들이 그리스도가 "모두"를 위해 죽으셨다고 기록했을 때, 그것은 실제로 마치 그리스도가 모든 사람을 위해 죽으셨다는 것을 의미하는 것처럼 보이기도 한다.

다음 장에서 나는 제한속죄 교리가 가지고 있는 약간의 난점에 대해 간단히 다룰 것이다. 때문에 여기서는, 내가 튤립(TULIP)의 L에 집착하는 이유에 대해서만 말할 것이다. 튤립 교리에서 L은 하나님의 주권에 우리의 초점을 고정시키는 중요한 역할을 한다. 칼빈주의자들이 제한속죄 교리를 주장할 때, 그들은 하나님께서 자신의 독생자를 세상에 보내신 계획이 절대 실패할 수 없는 주권적 역사였다는 점을 지적한다. 예수님은 구원받을 수 있는 사람들을 미리 아셨고, 그들의 구원이 확실하다는 보장 아래 그분의 구속사역을 시작하셨다. 속죄의 성취(예수님의 죽으심으로 선택받은 사람들이 천상의 목적지에 도착할 수 있게 되는 것)는 시작부터 보증된 것이었다. 처음부터, 그분은 그분의 속죄사역이 완성된 미션이라는 사실을 알고 계셨다.

I(Irresistible Grace): 하나님을 추구함

나는 튤립에서 너무 많은 것을 기대하지 않는다. 마찬가지로 튤립도 나에게 너무 많은 기대를 걸려고 하지 않는다. 내가 앞에서 이미 설명했던 것처럼, '전적부패'라는 것은 내 삶 속에서 **경험되는** 교리다. 그런데 저항할 수 없는 은혜도 마찬가지다. "천국의 사냥개"(The Hound of Heaven)라는 시를 쓴 프란시스 톰슨(Francis Thompson)이란 사람은 로마 카톨릭 신자다. 그럼에도 이 시가 칼빈주의자들에 의해 매우 자주 인용된다는 사실에 나는 그리 놀라지 않는다. 하나님을 추구하는 것을 단념하려는 인간의 모습에 대한 그의 묘사를 보노라면, 나 자신의 경험이 정확하게 포착되고 있는 것을 알게 된다.

나는 그에게서 도망쳤네, 밤에도 그리고 낮에도.

나는 그에게서 도망쳤네, 수많은 세월 동안을.

나는 그에게서 도망쳤네, 내 마음속 미궁 같은 길로.

그리고 슬픔 속에서 나는 숨었네. 겉으로는 연이어 웃으면서도.

희망에 부풀어 오르다가도

두려움의 골짜기 거대한 울음 속으로 곤두박질쳐 버렸네,

나를 따라오는, 추적해 오는 그 힘찬 발소리로부터.

그러나 서두르지 않고

흐트러지지 않는 걸음걸이,

일부러 속도를 내며, 장엄한 긴박감으로 …[19]

이 시는 구원을 경험하는 방식에 대한 나의 감정을 묘사하고 있다. 나는 하나님에게 "붙잡힌바 되었다(hounded)"고 느낀다. 내가 아무리 발버둥쳐도 끝내 저항할 수 없는 은혜로운 추적은, 내게 교리의 문제 그 이상이다. 이것은 내 경험 속에서 나타나는 교리이다.

The P(Perseverance of the Saints): 하나님의 신실함

여기서 내 친구 중 한 사람으로 나사렛 교단의 목사요, 대학 교수인 역사학자 티모시 스미스(Timothy Smith)가 내게 들려준 신학적인 농담에 집중하고자 한다. 그는 (반짝거리는 눈으로) 사람들에게 칼빈주의자들이 믿는 것을 설명하기 위해 그것을 사용해도 좋

을 것이라고 내게 조언을 해주었다. 여기서 칼빈주의자들이 믿는 것이란, 정말로 구원받은 사람들은 결코 구원에서 떨어질 수 없기 때문에, 어떤 사람들이 참된 구원에서 떨어진 것처럼 보일 때 그에 대해 가장 그럴듯한 설명은, 애초부터 그들은 정말로 구원받은 사람들이 아니라는 것이다.

아무튼 스미스가 들려준 농담은 이렇다. 네 명의 신학자들이 정거장 사이에 멈춰있는 기차 옆에 나란히 서 있었다. 그들은 선로 옆에 있는 죽은 시체를 바라보면서 그 사람에게 일어난 일에 대해 논쟁을 하고 있는 중이었다. 루터주의자는 그가 기차에서 뛰어 내렸기 때문에 죽은 것이라고 말했다. 카톨릭 신학자는 그 사람이 다른 무엇에 의해 떠밀려서 떨어진 것이라고 했다. 메소디스트는 우연히 떨어졌다고 말했다. 그런데 칼빈주의자는 이렇게 말했다. 만일 그가 정말로 기차 **밖**에 있었다면, 애시당초 그는 기차 **안**에 있었던 것이 아니다.

나는 언젠가 모범적인 그리스도인이 되기 위해 많은 고민을 하던 사람과 알고 지낸 적이 있었다. 지금도 나는 하나님과 나와의 관계를 이해하는 방식에 대해서 그가 가르쳐 준 중요한 교훈들을 잊지 않고 있다. 그런데 그런 그의 삶에서 어느 날 이상한 일이 일어났다. 그가 기독교인 동료들이 만나는 모임이나 교회와의 관계에서 스스로를 끊어버린 것이었다.

그렇다면 과연 그는 구원을 잃어버린 것일까? 나는 이에 대해 확실하게 말할 수 없다. 칼빈주의 5대 교리(TULIP)의 P(성도의 견인)를 고수하는 칼빈주의자로서, 나는 이러한 일을 설명하기 위해 다음 두 가지 대안만을 가지고 있을 뿐이다. 즉 그는 결코 믿음의 사람이 아니었거나, 아니면 언젠가 그의 삶에서 다시 드러날 믿음을 가진 사람이거나 하는 것이다. 그가 참된 믿음을 가졌다가 그것을 완전히 잃어버렸다는 것은, 나의 신학적 입장에서는 불가능한 것이다.

내가 이 상황을 신학적으로 설명하는 것이 정말 중요한 문제일까? 아니다. 다른 각도에서 보면 이는 그리 중요한 문제가 아니다. 나는 여전히 사람들의 구원을 위해 기도할 수 있다. 물론 그 기도를 해석하는 것은 하나님께 달려 있는 일이다. 주님은 내가 그 사람의 회복을 원하는지 아니면 어떤 아주 **새로운** 일이 일어나길 원하는지 아실 것이다. 이 교리가 중요한 것은 우리를 놓지 않을 사랑에 대한 우리 자신의 개인적인 경험 때문이다. 성도의 견인은 칼빈주의라는 도식에서 중요한 **영적** 구성요소다. 만일 당신이 스스로를 구원할 수 없는 완전히 무능력한 존재라는 사실을 알게 된다면, 또한 당신이 하나님의 주권이라는 자비에 자신을 맡기고자 한다면, 성도의 견인이란 교리는 마땅히 필요한 것이 된다. 당신이 하나님의 변덕스러움에 대한 두려움을 피해보고자 한다면 말이다.

옛날 스코틀랜드의 설교자들은 기독교 신앙을 계속 유지하고자 하는 여인을 위해서 그 여인의 마을에서 전해 내려오는 한 여성에 대한 이야기를 해주는 것을 좋아했다. 그녀는 이제 나이가 들어 심신이 쇠약해졌다. 그녀가 오래 살지 못한다는 것은 명백한 사실이었다. 그런데 한 젊은이가 정기적으로 어떤 영적인 것을 찾기 위해 그녀를 방문했다. 그는 그녀에게 칼빈주의 신앙에 관한 퀴즈를 내는 걸 좋아했다. 어느 날 그는 그녀에게 이렇게 말했다. "하나님을 섬겨 온 당신의 오랜 삶과 그 모든 기도와 신뢰 이후에 있을 일 하나를 가정해 봅시다. 즉, 당신이 죽었을 때 하나님이 영원한 고통이 있는 지옥으로 당신을 보냈다고 생각해 봅시다."

이에 그녀는 "당신은 내 대답보다 더 훌륭한 성경의 대답을 알지 못합니까?"라고 대답했다. "만일 그런 일이 생긴다면, 하나님은 내가 잃어버린 것보다 더 많은 것을 잃을 수도 있습니다. 나는 그 끔찍한 일로 내 영혼을 잃을 것입니다. 하지만 하나님은 그의 명예를 잃어버릴 것입니다. 그분은 나에게 귀한 약속을 해주셨습니다. 만일 하나님이 자신의 약속을 준수하는데 실패하신다면 그의 말씀은 거짓이라는 사실이 증명되는 것입니다. 그리고 우주는 결국 멸망하고 말겁니다!" TULIP의 P는 하나님의 주권만이 아니라 그 주권의 **신실함**에 대한 교리이다.

2000년 미국 대선 기간에 저널리스트들은 선거 유세 기간 중 조지 W. 부시가 저지른 조그만 실수에 대해 재미나게 기록한 적이 있다. 부시는 PERSEVERE라는 큰 표어가 새겨진 교실에 들어섰다 (이 말은 학생들의 공부를 격려하기 위한 의도로 새겨진 것이었다). 그런데 부시는 이를 잘못 읽고서 "preservation"(보존)이 얼마나 많은 혜택을 주는지에 대한 연설을 시작했다. 그의 측근이 자기에게 뭐라고 속삭이자, 부시는 재빨리 주제를 바꾸었다.

나는 어떤 칼빈주의자들이 TULIP의 P를 설명할 때 "perseverane"를 "preservation"으로 바꾸자는 제안을 했다고 들은 적이 있다. 그들은 "성도를 보존함"(preservation)이란 말이 하나님을 더 영예롭게 하는 말임을 알아차렸다. 나는 그들의 제안에 매력을 느낀다. 앞에서 나는 TULIP의 T가 행위자인 하나님의 세 가지 특이점을 보여준다고 했다. 그는 선택하시고, 속죄를 해주시며, 하나님 자신에게로 우리를 불가항력적으로 이끌어주신다. 그런데 결론에 이르면 갑자기 우리가 주된 행위자가 되는 것처럼 보인다: 즉 우리가 그리스도인의 삶을 인내(perseverance)하고 있는 것이다.

물론, 여기서 인간의 행위를 강조하는 것은 앞에서 제시한 교리와 좋은 대비점을 보여준다는 점에서 충분히 활용될 수 있다. 튤립은 우리의 완전한 무능력에서 시작한다. 그 다음 이 교리는 우리를 위하신 하나님의 행위를 세 가지 척도로 기술한다. 그리고 섬김의 모습으로 살아가야하는 우리에게 '인내'라는 힘을 공급해 주는 것으로 끝맺는다. 이것은 하나님께서 우리를 다루시는 보다 큰 순서에서 볼때, 그리 나쁜 방식은 아니다.

사실 두 가지 P모두 나의 영적 삶에 도움을 준다. 우리는 하나님의 보존하시는 능력 없이는 인내할 수 없다. 하지만 그분의 능력은 **우리로 하여금** 인내하도록 하기 위해 제공된다. 칼빈주의는 기독교를 너무 수동적인 것으로 만든다는 비난들에 대해 (그것들 모두가 완전히 틀린 것은 아니다), 칼빈주의자는 능동적으로 인내하도록 부름받은 자들이라고 말하는 것이 도움이 될 것이다. 그러나 나는 나를 구원한 주권적 은혜는 또한 보존하시는 은혜라는 사실을 아는 것이 더 안심케 해 주는 것임을 발견한다. 분명 주님은 신실하신 분이다.

04

칼빈주의의 암초

나는 학자이며 몰몬교도인 친구가 있는데, 그와 나는 아주 흥미로운 신학적 대화를 나눈 적이 있다. 그는 내가 생각하는 몰몬교의 믿음체계와는 다른 신앙을 가지고 있었다. 한 예로, 그는 몇 년 전 바울이 쓴 로마서에 깊이 빠진 적이 있는데, 내가 로마서에 빠진 이유가 무엇이냐고 추궁하자, 그는 매우 훌륭한 답변을 해주었다. 그는 하나님과 자신과의 관계의 중심에는, 자신이 오직 은혜로만 구원받은 죄인이라는 것, 즉 갈보리에서 예수님이 행하신 대속적 사역을 통해서만 가능한 구원을 받은 자라는 심오한 깨달음이 자리한다고 말했다.

그가 내게 처음 이 말을 해주었을 때, 나는 다음과 같이 질문했다. "그럼 다른 부분들에서 몰몬교가 믿는 것, 그러니까 하나님은 처음에 유한한 인간에서부터 시작된 존재이고, 인간은 '신성한' 존재로 진화할 수 있다는 식의 교리를 받아들이는 이유가 뭔가?" 그는 한 순간 침묵하더니 이렇게 대답했다. "글쎄, 나는 그게 바로 몰몬교의 유일한 암초라고 생각하고 싶어. 그 교리는 물론 내 신앙체계의 한 부분을 이루고 있지. 하지만 그 교리가 매일 매일의 삶속에서 근간을 이루는 기능을 하지는 않아. 그 암초가 하나님의 자비에 전적으로 의존하고 있는 죄인이라는 사실과 동일한 역할을 하는 것 같지는 않다는 말이지. 그것들이 내게 암초로 부상하면 나는 그 암초를 삼켜버리든지 활용하든지 하지. 하지만 대부분의 경우에는 그 암초들을 그대로 제쳐두게 되는 것 같아."

 그의 특이한 암초교리는 아직도 내겐 큰 근심거리로 남아있다. 그래서 우리는 암초교리에 대한 정겨운 토론을 지금까지도 계속하고 있다. 하지만 나는 그의 암초에 대한 이미지에 대해서 만큼은 호감이 간다. 우리들 대부분도 일종의 암초가 되는 교리를 가진 복잡한 신학 체계를 따르는 자들이 아닌가. 적어도 나는 그렇다. 실제로, 튤립 가운데 최소한 하나는 내게 암초로 작용한다. 바로 L(제한속죄)이다. 앞장에서 진술했던 대로, 나는 그 교리를 믿는다. 내가 보기에 제한속죄는 칼빈주의 신학체계 안에서 필연적인 요소가 되는 교리인 것 같다. 또 내가 그 교리를 방어하는 입장에 서야 한다면 그렇게 할 것이다. 그렇지만 다른 칼빈주의의 기초교리를 방어할 때와 같은 열정이 이 교리에서만큼은 생기지 않는다는 것이 문제다. 그 교리가 분명 나를 위한 것이긴 하지만, 대부분의 경우 그것은 내게 신학적 암초로 도사리고 있다. 왜냐하면 제한속죄라는 것이 칼빈주의 교리 가운데 제일 큰 문제를 일으키는 것 중 하나이기 때문이다. 그럼에도 나는 여기서 이 암초를 없애기 위한 짤막한 고찰을 해 볼 것이다.

특별한 구속

내가 칼빈대학교의 교원이었을 때, 나는 침례교 설교자와의 대담으로 시작하는 컨퍼런스에 참여한 적이 있다. 그가 나의 이름표에 써진 소속기관을 보고서 이렇게 말했다. "오! 나도 칼빈주의자입니다. 단 네 가지 교리에서 말입니다." 나는 그가 했던 말의 의미를 바로 추측해낼 수 있었다. 그는 "튜입(TUIP)" 칼빈주의자였던 것이다.

제한속죄교리는 칼빈주의 진영 **안에서도** 대단히 많은 논쟁을 일으키는 교리이다. 내가 언급했던 침례교 목사처럼 제한속죄를 노골적으로 거부하는 칼빈주의자들을 심심치 않게 볼 수 있다. 물론 그 교리가 그토록 논쟁을 불러일으키는 데는 그럴만한 이유가 있다. 그 중 하나가, 비록 제한속죄 교리를 지지하는 성경적 근거를 찾을 수 있다고 해도, 그것을 그리스도의 속죄사역을 기술하는 데 사용하는 성경구절들과 구분짓기 어렵기 때문이다. 또한 그 주제에 접근하는 방식이, 무신론자에게 복음을 전하는 방식과 관련해 중요한 함의를 내포하고 있기 때문이다.

제한속죄의 기본 요점은 다음과 같다: 특정한 사람들만이 하나님께 선택을 받고, 그리스도의 속죄사역은 이렇게 선택받은 각 사람들의 구원을 안전하게 완성시킨다. 구주께서는 그가 구원하기로 작정한 모든 사람을 위해 죽으셨다. 이는 그가 전 인류를 위해 죽으셨다는 뜻이 아니다.

나는 여타 칼빈주의 교리와 제한속죄와의 관계가 어떤 것인지 해명해 보라는 강요섞인 질문을 많이 받는다. 그 점에서 제한속죄교리는 대부분 논리의 문제로 취급된다. 하지만 성경에도 이 논리를 강력하게 확증해주는 구절들이 존재한다. 마태복음의 다음 두 구절에서 예수님은 이 교리에 초점을 맞추어 자신의 사역을 설명하신다. 그는 "자기 목숨을 **많은** 사람들의 대속물로"(마 20:28) 줄 것이며, 그의 피는 "죄사함을 얻게 하려고 **많은** 사람을 위하여"(마 26:28) 흘리게 될 것이다. 히브리서 9장 28절에도 이 같은 형식이 반복된다. "이와 같이 그리스도도 **많은** 사람의 죄를 담당하시려고 단번에 드리신 바 되었고" 또한 요한복음에서는 이 가르침을 "아버지께서 **내게 주시는 자**는 다 내게 올 것이요 내게 오는 자는 내가 결코 내쫓지 아니하리라"(요 6:37)는 말로 전한다. 이와 동일한 모티브가 요한복음 17장의 "대제사장적" 기도에서 나타난다. 여기서 예수님은 인류의 특정한 일부집단과 관련해서 거의 완성되고 있는 자신의 사역에 대해 묘사한다. "예수께서 이 말씀을 하시고 눈을 들어 하늘을 우러러 이르시되 아버지여 때가 이르렀사오니 아들을 영화롭게 하사 아들로 아버지를 영화롭게 하게 하옵소서. 아버지께서 **아들에게 주신 모든 사람**에게 영생을 주게 하시려고 만민을 다스리는 권세를 아들에게 주셨음이로소이다"(요 17:1-2). 또한 예수님은 다음 절에서도 이 특별한 주제를 반복해서 말씀하신다. "세상 중에서 **내게 주신 사람들**에게 내가 아버지의 이름을 나타내었나이다"(요 17:6); "내가 그들을 위하여 비옵나니 내가 비옵는 것은 세상을 위함이 아니요 **내게 주신 자들**을 위함이니이다. 그들은 아버지의 것이로소이다" (요 17:9).

하지만 이 구절들의 함의에 적합하지 않은 것처럼 보이는 구절들도 존재한다. 세례 요한이 예수님을 보았을 때, 그는 "보라 **세상** 죄를 지고 가는 하나님의 어린 양이로다!"(요 1:29)라고 외친다. 또한 우리에게 익숙한 요한복음 3장 16절과 17절에는 "그로 말미암아 세상을 구원하시기" 위하여 "하나님이 **세상**을 이처럼 사랑하사 독생자를 주셨으니" 라고 기록되어 있다. 히브리서 기자 역시 예수님께서 "하나님의 은혜로 말미암아 **모든** 사람을 위하여 죽음을 맛보려"(히 2:9) 하셨다고 하며, 바울도 그리스도의 "한 의로운 행위로 말미암아 **많은**(NIV는 "all"로 되어 있음) 사람이 의롭다 하심을 받아 생명에 이르렀느니라"(롬 5:18)고 적고 있다.

세 가지 선택지

이렇게 명백한 갈등을 일으키는 이 두 가지 관점을 접하게 되었을 때, 우리는 다음 세 가지 선택지 가운데 하나를 택할 수 있다. 첫째는, 보다 정확한 견해가 되도록 보다 포괄적인 용어를 선택한 후, 그 용어에 비추어 개별적인 사례를 해석하는 방식이다. 이는 칼빈주의를 따르지 않으려는 사람들이 흔히 쫓아가는 방식이며, 동시에 "TUIP"만을 인정하는 칼빈주의자들이 지지하는 길이기도 하다. 두 번째 대안은 정확한 정의를 내리고자 특정한 본문을 취하면서도, 한편으로는 포괄적인 정의가 되도록 좀 더 느슨한 규정을 내리는 것이다. 이 대안을 선택하는 사람들은 다음과 같이 주장한다. 예를 들어, 성경의 저자들이 그리스도의 속죄 사역을 "모두" 나 "모든 사람", 혹은 "세상"과 연결시킬 때, 그것은 각 사람 하나하나를 다 포함하는 것이 아니라는 것이다. 오히려 그들이 말하는 선택은 많은 부족들과 나라들, 그리고 계층들에서 끄집어 내는 것과 관련된다.

세 번째 선택은 내가 취하고 있는 입장이다. 나는 단순히 두 가지 길을 모두 인정하면서 양쪽 입장 사이에서 갈등을 일으키는 요소들을 해결코자 하지 않는다. 이는 얼핏 보면 속편한 입장처럼 보일 수도 있지만, 그렇게해서는 안 되는 이유가 있다. 나는 이 논점을 보다 명료하게 보여주고 싶다. 하지만 여기서 논의를 어떻게 더 밀고나갈 수 있을지에 대해서는 더 이상 아는 바가 없다. 솔직히 나는 이 문제를 풀기 위해 무진 애를 쓰고 있다는 말만 되풀이할 수 있을 뿐이다. 한 예로 내가 이 문제에 대한 글을 쓰고 있을 때, 본 주제에 대해 풍부한 논의를 전개하고 있는 오웬 토마스(Owen Thomas)의 책, 『1704-1841년 동안 웨일즈 신학 문헌과 토론에서 나타난 속죄 교리 논쟁』(*The Atonement Controversy in Welsh Theological Literature and Debate, 1707-1841*)이란 책 전체를 읽을 수 있는 기회가 있었다. 이 책은 1874년에 처음으로 출판되었지만, 최근에 들어서야 비로소 웨일즈어에서 영어로 번역되었다. 이 책은 칼빈주의자들이 제한속죄에 대해 어떤 논쟁을 벌이고 있는가 하는 문제에 관심을 가진 사람들의 호기심을 충족시키기에 충분한 분량을 갖고 있다. 약 300페이지가 넘는 지면을 할애하여 제한속죄 논쟁에 대한 논의를 세밀하게 서술하고 있기 때문이다. 실제로, 이 저술을 번역하는데 있어 중요한 역할을 담당한 존 아론이란 사람은 토마스가 해당 논의의 범주에 지나치게 집착하여 "실제로 중요한 것들"뿐 아니라 "그다지 중요하지 않은" 설교적 대담들까지 첨가시켰다고 평가하고 있다.[20]

이처럼 표독스런 칼빈주의자들이 펼치는 논쟁에 관한 책을 읽은 것은 내게 좋은 훈련이었다. 나는 결국 내가 시작했던 곳에서 꽤 멀리 떨어져 나왔다. 꽤 많은 정보들로 나의 애매한 입장을 강화하려다 보니까 그렇게 되었다. 하지만 나는 이 주제와 연관된 긴장요소들을 그대로 간직한 채 살아갔던 칼빈주의자들을 상당히 많이 알고 있다. 오웬도 역시 이러한 입장을 지지하고 있다. 왜냐하면 그의 설명은, 그가 대부분의 칼빈주의자들이 "자기 백성을 위한 구속으로서 그리스도의 특별한 사명"을 주장하면서 동시에 "동일한 열정으로 그들은 모든 인류를 위한 그리스도의 희생의 무한한 충족성을 선언함으로써, 진심으로 그리스도에게로 나오는 모든 사람에게 용서와 구원의 복음을 전하고자 한다"고 기록할 때, 가장 긍정적이 되기 때문이다.[21]

그리스도의 속죄사역의 "무한한 충족성"을 열정적으로 선언할 필요가 있다고 강조하는 것으로, 오웬 토마스는 칼빈주의 진영 내부에서 벌어진 수많은 논의에 대한 요점을 정리하였다. 이러한 강조는, 몇몇 칼빈주의자들에 의해 제기된, 그리스도의 희생은 일종의 양적인 거래였다는 의견에 반대하게 한다. 앤드류 풀러(Andrew Fuller, 풀러 자신은 이러한 반론에 회의적이었다)가 잘 지적했듯이, 이러한 반론을 제기하는 자들은 마치 "그리스도의 속죄는 문자 그대로 채무관계를 청산하는 것이다. 왜냐하면 그리스도가 당한 고통의 분량은 그가 대신 죽어야 하는 사람들의 숫자와 그들의 죄의 분량에 해당하는 것으로, 만일 더 많은 사람이 구원받아야 하거나 또는 구원받은 사람이 더 많은 죄를 지었다면, 그에 비례하여 그리스도의 고통 역시 더 증가했어야 하기 때문이다"라고 말하는 것과 같다.[22] 이에 풀러는 보다 개방적인 설명을 제시했다. 말하자면, 그리스도의 구속사역이란 것은 "계산적 원리에서만이 아니라 도덕적 심판, 혹은 범죄에 대한 심판"으로서 완수된 것이다. 그리스도의 속죄사역이라는 "위대한 목표"는 "죄에 대한 하나님의 불만을 표현하고(롬 8:3), 또 그분의 주권적 지혜에 따라 그분의 의로우심과 일치하는 방식으로 자비를 베푸시기 위함(롬 3:25)"이었다고 풀러는 말한다. 이런 점에서 그리스도의 죽음은 "그 자체로 온 세계에 대한 구원과 같은 것이며, 온 세계를 구원으로 끌어들이기 위한 것이었다." 속죄는 "이를 행하시는 하나님의 주권 아래 있는 것일 뿐이므로, 구원받기로 작정된 사람보다 더 많은 사람을 구원하기에는 충분치 못한 것"이라는 지적으로 제한시켜버릴 수 있는 것이 아니다.[23] 요약하자면, 그리스도의 죽음은 그러한 죄에 대한 형벌을 제거하기에 충분한 것이었으며, 이는 어디서나 누구에게든지 보편적으로 적용되는 하나님의 역사였다. 십자가 사역을 통해 완전한 죄사함이 가능하다는 것은 속죄가 하나님 자신의 영원한 계획에 의해 이루어지는 것이라는 사실과 그것이 하나님이 원하시는 대로, 즉 그분의 주권적인 결정에 따라 이루어지는 것임을 가르쳐준다.

문제가 되는 영적 어조(Spiritual tone).

그러면 이러한 논의의 요점은 무엇일까? 적어도 여기에는 문제가 되는 중요한 강조점(영적어조에 관해)이 있다. 실제로 튤립에서 L은 많은 것들 중 하필 하나의 이상한 형용사를 포함하여 나를 항상 괴롭힌다. 다른 네개의 형용사들은 포용력이 있다는 느낌을 준다. "전적인(total)", "무조건적(uncon-ditional)", "불가항력적(irresistible)", "견인하시는(persevering)." 그런데 정확히 중간에서 칼빈주의자들은 "제한(limited)"이라는 말에 털석 주저 앉게 된다. 물론 이것이 제한속죄가 다음과 같다는 것을 반증하는 것은 아니다 – 곧, 만일 속죄가 제한적인 것일지라 하더라도, 그건 어쩔 수 없는 일이다(so be it). 그러나 확실히 그리스도의 속죄 사역은 "제한적"이라는 것이 우리가 강조하고자 하는 바라는 인상을 주는 데 문제가 있다. 이것은 특히 예수님이 그분의 속죄사역에서 완수하신 것에 대해 생각할 때 내 기분을 이상하게 만든다. 나는 내 인생 최고의 순간에 두 가지 의미에서 십자가 사역의 **위대함**을 노래하고 싶다. 하나는 내가 개인적으로 경험한 위대함이다. 찰스 웨슬리가 지은 찬송이 이를 잘 나타내준다.

> 주 보혈로 날 사심은 그 뜻이 깊고 크셔라
> 상하심과 죽으심이 어찌 날 위함이온지
> 놀라워라 주 사랑이
> 날 위해 죽으신 사랑

다른 하나는 아이작 와츠의 캐롤송에 잘 표현되어 있는 것처럼, 보다 큰 창조를 위해 완성된 사역이라는 확장된 의미를 나타낸다.

> 온 세상 죄를 사하러 주 예수 오셨네
> 죄와 슬픔 몰아내고
> 다 구원하시네 다 구원하시네
> 다 구원 구원하시네

이것은 제한속죄를 부정하는 것이 아니다. 나는 아직도 이 교리를 활용할 때마다 내 앞에 도사리는 암초를 제거하려고 달려든다. 하지만 그러는 중에도, 내가 이해한 가르침(내가 찬미하는 부분까지도)에 따라 다른 사람을 억압하지는 않을 것이다. 오웬 토마스가 기술한 제한속죄와 관련된 논쟁에 참여한 웨일즈 설교자들 가운데 한 사람이 보여준 농담을 나는 아주 좋아한다. 그는 칼빈주의 설교자인 동료에게 성경을, 약간은 이는 "어설프게" 해석해보라고 다그쳤다. 그리고서 그는 재빨리 설명하기를, 이는 "경솔의 부주의함"을 말하는 것이 아니라 "믿음의 부주의함"을 말하는 것이라 했다. 그는 많은 동료 칼빈주의자들을 보고 그들은 "'세상'이란 말을 주해하는데 한 시간을 허비할 것이다. 그리고 '모든'이란 말을 발음하기 위해서는 그들의 호흡을 거의 다 소진 할 것이다. 더군다나 '모든 사람'을 만나는 것을 피하기 위해서 그들은 땅과 바다를 우회할 것이다"라고 했다. 그러나 사실, 그는 계속해서 말하기를, 성경은 "모든"과 "세상"이라는 말을 꽤 직설적인 방식으로 사용한다. 그러면서 그는 이렇게 결론짓는다. "나는 자네에게 성경을 좀더 많이 신뢰하라고 부탁하고 싶네."[24]

나는 그 설교자가 가르쳐준 "믿음의 부주의함"의 정신을 가지고 살고 싶다. 칼빈주의는 내게 우리 인간의 지성으로는 파악할 수 없을 만큼 무한한 하나님의 주권의 실재성을 가르쳐준다. 결론적으로 이렇게 많은 신비한 것들을 다루는 데 있어서 내가 할 수 있는 것이라곤 하나님의 주권적인 목적들을 아는 것과 더불어 하나님께서 나로 하여금 내 지성이 파악할 수 있는 것들에 대해 복종하라고 부르셨다는 사실을 상기하는 것이다. 칼빈주의 전통에서 자주 인용되고, 나 또한 자주 인용하는 신명기 29장 29절을 보면 이런 말씀이 있다. "감추어진 일은 우리 하나님 여호와께 속하였거니와 나타난 일은 영원히 우리와 우리 자손에게 속하였나니 이는 우리에게 이 율법의 모든 말씀을 행하게 하심이니라."

"무료제공"

튤립에서 L(제한속죄)은 또 다른 논쟁에 우리를 집중시킨다. 이는 이 교리와 관련해서 보다 실천적인 논의가 이루어져 온 것과 밀접하게 연관되어 있다. 그 논쟁은 바로 "복음의 무료제공"이라는 문제다. 칼빈주의자들은 하나님께서 모든 사람들이 회개하고 그리스도를 받아들이기 원하신다는 것을 선한 양심을 가지고 일관성 있게 말할 수 있는 사람들인가?

이 물음은 칼빈주의가 번성한 지역에서 지겹도록 논의된 문제다. 실제로, 이 문제는 그들의 반대자들이 참된 믿음에서 이탈했다고 비난하는 반(anti-) 무료제공 칼빈주의자들과 그들을 광신적인 "교조적 칼빈주의자들"로 묘사하는 반대 진영에 의해 그 어떤 신학적 주제보다도 더 큰 파란을 불러일으킨 것이기도 하다.

이 특별한 논쟁이 공적인 소요사태로 번진 사건 가운데 하나가 찰스 스펄전의 목회사역 기간 중에 벌어진 바 있다. "누구든지 (구원의 빈열에) 이를 수 있습니다"라는 식으로 설교한 것을 빌미로, 일부 비판적인 칼빈주의자들은 스펄전을 맹렬하게 공격했다.[25] 스펄전은 자신의 답변을 통해 그러한 비난에 대해 타협할 의사가 없음을 밝혔다. 그는 어떻게 속죄가 선택된 자들에게 제한적이면서 또 모든 사람에게 무료로 제공될 수 있는 지에 대해서는 알길이 없다고 고백했다. 하지만 그는 다음의 사실은 알고 있다고 대답했다. 실제로 그리스도는 그분에게 다가오는 모든 사람에게 값없이 구원을 베풀어주신다는 사실이다. 그래서 그는 이것을 자기 설교의 결론으로 재확인했다는 점을 분명히 했다. "나는 주님께서 모든 죄인들을 향한 나의 호소에 복을 주셨다는 사실을 알고 있다. 따라서 내가 이 책(성경)에서 무료 초대를 발견하는 한 그 누구도 무료 초대를 하는 나를 제지할 수 없을 것이다."[26]

하지만 교조적 칼빈주의자들은 스펄전의 답변과 관련해서 그 어떤 것도 받아들이지 않았다. "만일 당신이 예수 그리스도의 이름 안에서 용서받기를 구하고 진심으로 회개한다면, 그 때 하나님은 당신을 받아주실 것입니다"라는 말에서처럼, 불신자들에게 조건적으로 구원이 주어진다고 하는 그들의 관점이 문자적으로 정확한 것일 수 있다 하더라도, 칼빈주의자들은 그와 같은 표현이 위험한 것이라고 생각한다. 왜냐하면 칼빈주의자의 관점에서 보자면, 오직 영생을 얻기로 선택받은 사람만이 진실로 회개할 수 있기 때문이다. 이런 입장을 가진 한 신학자의 말을 인용해보자. 그에 의하면, 우리는 "함축적으로든 직접적으로든 죄인들이 먼저 하나님을 받아들이지 않는다면, 주께서 그들을 구원하시기 힘든 것처럼 보이게 만드는 인상을 주는" 복음전도의 방식을 피해야만 한다. 당신이 "예정에 대해 직접적으로 부정"할 경우, 이런 일을 저지를 수 있다. 또는 "간접적으로나마 설교자들이 하나님께서 모든 사람에게 은혜를 주신다고 입장을 바꿀 때, 다양한 형식과 수준에서 이런 일이 벌어질 수 있다. 그러나 그런 식의 설교를 하는 설교자들은, 결국 예수님이 죄인들을 구원하시건 안하시건 간에, 구원이 전적으로 인간에게 달린 것이라는 인상을 남기게 된다."[27)]

나는 이런 주장을 납득할 수 없다. 나는 여기서도 성경을 좀 "부주의하게" 읽어보라고 충고한 웨일즈 설교자들의 견해를 따르고 싶다. 사도 바울이 디모데에게 "하나님은 모든 사람이 구원을 받으며 진리를 아는 데에 이르기를 원하시느니라"(딤전 2:4)고 쓴 말이 불현듯 떠올랐을 때, 나는 바울이 실제로 **모든 사람**을 의미하기 위해 이 말을 썼다고 생각하고 싶다. 하지만 나는 여기서 말하는 "모든 사람"이 **선택을 받은 모든 사람**을 지시하는 것으로 이해하는 칼빈주의 신학자들의 글을 읽었다. 나는 이 구절을 그렇게 해석하고자 하는 신학적 충동을 이해한다. 하지만 그들의 논변을 받아들일 수는 없다. 나는 스펄전의 다음과 같은 이해방식을 더 좋아한다. "나는 내가 믿는 바가 다른 칼빈주의(교조적인) 동료들이 믿는 그것과 다르다고 생각하지 않는다. 하지만 그들이 믿지 않는 바에 있어서는 뜻을 달리한다. 나는 그들이 믿는 것을 믿지 않는 게 아니라, 그들보다 조금 더 믿을 뿐이다. 나는 성경에 계시된 진리에 대해 조금 더 많이 믿고 있다고 생각한다."[28)]

나의 삼촌 튀니스 마우(Tunis Mouw)는 복음주의에 대한 열정을 가진 침례교 설교자로서 화려한 경력을 가진 사람이었다. 언젠가 내가 칼빈주의 신학에 대해 확신하게 되었을 때, 나는 그에게 내가 새롭게 발견한 신학적 확신을 설명해 주었다. 그가 나와 논쟁을 벌여주길 기대하면서 말이다. 그런데 그는 논쟁을 벌이기는커녕, 자신도 칼빈주의를 신뢰하는 사람이라고 대답해주었다. 그러면서 그는 이렇게 말했다. "그런데 나는 말이지. 그걸 이렇게 이해해. 우리는 구원의 문 위에 '누구든지 들어올 수 있소'라고 써놓아야 해. 하지만 참회한 죄인이 그 문으로 걸어 들어올 때, 그는 간판을 쳐다볼 거야. 그리고는 다른 편에 주님께서 쓰신 글을 읽게 되겠지. '너는 나를 선택하지 않았지만, 나는 너를 선택했다.'

이처럼 칼빈주의를 올바로 이해하게 해준 삼촌의 말은 아직도 내 심금을 울린다.

찬송을 부를 시간

나는 적어도 디모데서의 본문에 관해서 암초교리 논쟁을 시작할 수 있다고 말했다. 하지만 성경의 또 다른 곳에는 더 이상의 논쟁을 적절치 않은 것으로 만드는 사건도 있다. 그 사건은 마태와 누가가 기록한 것으로, 예수님께서 예루살렘을 향해 비탄을 토해내신 바로 그 부분이다. "예루살렘아 예루살렘아 선지자들을 죽이고 네게 파송된 자들을 돌로 치는 자여 암탉이 제 새끼를 날개 아래에 모음 같이 내가 너희의 자녀를 모으려 한 일이 몇 번이냐 그러나 너희가 원하지 아니하였도다"(눅 13:34). 여기서 하나님은 슬픔에 잠긴 구주로서 반역하는 백성들에게 다가가신다. "나는 너를 모으기를 간절히 원했다," 그분은 외치시기를, "하지만 너는 달가워하지 않았다!"

이러한 그림이 인류를 다루시는 하나님의 주권에 대한 나의 이해에 병합되어야만 한다. 나는 바울이 로마서 11장에서 유대인들을 다루시는 하나님의 방법을 이해하기 위해 애쓴 노력의 결과로 제시한 답변외에 다른 적절한 답변을 알지 못한다. 하지만 그는 일관된 입장을 제시하기 위해 최선을 다했음에도, 갑자기 어느 지점에선가 더 이상 자신의 생각을 더 진전시킬 수 없다는 것을 느꼈던 것 같다. 그래서 그는 자신의 생각을 찬송으로 마무리한다.

> 깊도다 하나님의 지혜와 지식의 풍성함이여,
> 그의 판단은 헤아리지 못할 것이며,
> 그의 길은 찾지 못할 것이로다!
> "누가 주의 마음을 알았느냐?
> 누가 그의 모사가 되었느냐?"
> "누가 주께 먼저 드려서
> 갚으심을 받겠느냐?"
> 이는 만물이 주에게서 나오고
> 주로 말미암고 주에게로 돌아감이라
> 그에게 영광이 세세에 있을지어다! 아멘.
> 로마서 11:33-36

우리는 때로 수수께끼를 풀기 위한 사유를 멈추고, 그저 찬송을 부르는 것이 더 중요하다는 사실을 깨달아야 한다.

05

고통과 하나님의 주권

나는 이제 세상에서 하나님의 목적의 신비에 관해 루이스 스미즈(Lewis Smedes)와 나누었던 이야기를 들려주고 싶다. 스미즈와 나는 하나님의 주권이란 주제를 놓고 자주 논쟁을 벌였다. 우리가 이 주제에 대해 마지막으로 논쟁을 벌인 것은, 그가 죽기 한 달 전에 있었던 우리의 정기적인 아침식사 모임 중에서였다. 그는 이 주제에 대해 완전히 새로운 관점을 가지고 있었다.

아침식사 중 벌어진 토론

루와 나는 서로 30년 넘게 알고 지낸 사이였다. 우리의 우정은 신학적 논쟁을 벌이는 가운데 더욱 깊어 갔다. 그는 식당에서 함께 아침식사 하는 것을 좋아했다. 그는 언제나 자신이 논의하고 싶은 신학적 문제를 가지고 있었고, 또 항상 그 문제에 대해 논쟁을 벌일 준비가 되어 있었다. 그런데 우리의 대부분의 논쟁들은 결국 하나님의 주권에 대한 의문으로 귀결되곤 했다. 논쟁은 항상 있어왔던 것이라 우리에겐 매우 친숙한 것이었지만, 또 한편 그것들은 매우 격렬해지기도 했다. 루는 종종 내게 상처를 받곤 했다. 왜냐하면 그는 내가 너무 빨리 이 주제에 대한 칼빈주의자들의 강령을 방어한 다고 생각했기 때문이다. 그는 칼빈주의자들의 강령을 잘 알고 있었다. 루는 청년 시절 전통적인 네덜란드 칼빈주의에서 벗어난 사람들을 조금도 포용하지 못하는 분위기 속에서 신학공부를 시작했다. 그리고 나중에는 유럽에서 가장 잘 알려진 개혁파 신학자들 밑에서 공부했다.

이따금 나는 우리 두 사람이 의견일치가 안 된다는 점에 의아해하기도 했다. 루는 항상 실제로 문제에 직면한 사람들에게 열정적인 헌신의 마음으로 다가갔다. 한번은 그가 10대의 아들을 자동차 사고로 잃은 부부를 위로하려고 했던 일에 관해 이야기해 준 적이 있었다. 그 부부는 루에게 하나님이 왜 이런 일을 허용하셨는지 물어보았다. 루는 그 일이 하나님의 의지로 된 것은 아니라고 대답해 주었다. 그는 내게, "난 하나님께서 그러한 비극을 만드셨다고 말하지 않았네, 리차드." 그러면서 루는 매우 격양된 목소리로 이렇게 말했다. "하나님께서 그런 일을 **허용하셨다는** 말조차 해서는 안 될 것 같아. 그 부부가 그토록 사랑한 아들을 잃었을 경우 하나님이라는 존재는 그 악에 대해 **분노**하시는 분이시니까!"

이 문제를 제대로 논하기는 매우 어렵다. 나는 그러한 상황에서 그가 보여준 목회적 접근방식에 대해 굉장히 높이 평가한다고 그에게 말해 주었다. 루와 마찬가지로, 나는 그들에게 그런 일이 일어나도록 허용하신 데에는 하나님의 신비한 이유가 있다거나 또는 그들 자신을 주권적인 하나님의 의지에 맡겨야 한다는 식으로 말하지 않을 것이다. 나 또한 우리가 깊은 상실을 경험할 때 하나님께서 우리와 함께 애통해 하신다는 사실을 믿는다.

하지만 나는 여전히 내가 신학에 있어 중요하다고 보았던 것으로 루를 몰아 붙이고 싶었다. "절망적인 슬픔에 잠긴 사람들에게는 칼빈주의의 기초 교리를 되새기는 것이 그다지 훌륭한 목회적 접근이 아니라는 점에는 동의해. 하지만 우리가 정말로 그들에게 하나님은 우주를 통제하시지 못하는 분이라고, 그래서 교통사고가 일어났을 때도 아무런 도움을 줄 수 없는 분이라고 말해야 하는가?" 내 어조 또한 매우 열정적이었다. "슬픔을 전혀 다른 방식으로 다루고 있는 부부에겐 어떻게 하겠나? 그들은 깊은 슬픔 속에서도 그들의 유일한 위로는 주님께서 그 사고를 허락하신 데에는 어떤 목적이 있을 거라고 신뢰하는 것임을 알았다고 말했거든. 그들에겐 뭐라고 얘기하겠나? 하나님은 이런 종류의 문제들에 대해 무지하시다고 말할 건가?"

"무지하신 것이 아니지." 루가 대답했다. "물론 돕지 못하시는 것도 아니네. 하나님께서는 이런 일들로 인해 그분의 궁극적이고 선하신 목적이 실패하도록 놔두지 않으실 것이네. 하지만 그렇다고 그것이 하나님의 뜻이라고, 혹은 하나님이 그것을 허락 하셨다고 말할 것인가? 아니네 나는 결코 그렇게 말할 수 없네." "글쎄, 나 또한 항상 그런 식으로 이야기하는 것은 아니야." 나는 반박했다. "그리고 나도 종종 그렇게 생각하는 것조차 불가능한 것이라 여기네. 하지만 그렇다고 해서 내가 그 반대편, 즉 어떤 일들이 하나님의 통제 밖에서 또는 그분의 궁극적인 목적에 반하여 일어날 수 있다고 보는 입장에 설 수 있는 것도 아니네."

논쟁은 이런 식으로 이어졌다.

루이스 스미즈는 심술궂은 사람이 절대 아니다. 다만 그는 칼빈주의자들을 끊임없이 괴롭히는 문제들과 씨름을 했을 뿐이다. 그는 지금 내 곁에 없지만, 난 그가 씨름했던 문제들에 대해 새로운 해법을 찾고 있는 중이다.

루는 많은 그리스도인들로 하여금 칼빈주의에 대해 부정적인 인상을 갖게 하는 문제들을 칼빈주의자의 관점으로 들고 일어났다. 사람들은 모든 것에 대해 하나님의 주권을 강조하는 것이 사람들을 수동적이고 숙명론적이게 한다고 생각한다. 하나님의 목적이 이해하기 어려운 것이라면, 무슨 일이 일어나든 우리는 그저 묵묵히 받아들이면 안 되는가? 왜 우리는 그 신비들을 이해하기 위해 많은 시간을 투자하는가? 심지어 이런 신학이 실제 목회 상황에서는 오히려 잔인한 것으로 보이지 않는가? 이것은 사람들로 하여금 그들 깊은 곳에서 우러나는 긴급한 질문들을 하는 것에 대해 죄책감을 느끼게 하지 않는가? 나는 기본적으로 실제적인 문제들에 있어서는 루 스미즈와 같은 입장이다. 설령 하나님의 주권에 관하여 신학적 답변들을 제시하는 그의 방식이 내 신경에 거스린다 할지라도 말이다. 나는 우리의 삶 속에서 일어나는 많은 일들과 하나님의 주권을 화해시키는 작업이 매우 어려운 것이라고 생각한다. 깊이 느끼는 문제들에 대해 몇마디 말로 답변해 봤자 아무 소용 없다.

칼빈주의자가 되는 것은, 하나님의 판단은 알 수 없는 것이라는 사실과 같은 용어들을 다룰 때, 가능한 최선을 다하는 영적 갈등에 참여하는 것이다.

루이스와 내가 논쟁했던 이와 같은 문제들에 대해서 사람들은 종종 두 가지 선택지를 제시한다. 하나는 하나님이 일어나는 모든 것을 정하시거나 허락하신다는 입장으로, 우리는 다만 그 사실을 받아들이기만 하면 되는 것이다. 다른 하나는 하나님께서 원하시지 않는데도 불구하고 어떤 일이 일어난다는 것이다. 하지만 이와 다른 한 가지 선택지가 또 있고, 이것이 내가 논하고 싶은 것이다. 즉 하나님은 일어나는 모든 것을 정하시거나 허락하신다. 그러나 우리는 그 사실을 단지 받아들이기만 해서는 안 된다. 우리는 우리가 당하는 어려운 경험에 대해 하나님께 다소 강하게 불평 할 수도 있다.

"달리 무엇을 더 말할 수 있겠는가?"

내 수업을 듣는 한 여학생이 수업을 마치고 내게 와서 자신이 겪고 있는 종교적 갈등에 대해 이야기했다. 그날은 월요일 아침이었다. 그녀는 그 전날 참여했던 예배의 마지막에 회중이 부른 친숙한 찬양곡 몇 소절에 여전히 흥분해 있었다.

얼마나 견고한 토대입니까, 당신 하나님의 성도들이여
당신은 그의 놀라운 말씀 속에서 신앙을 다지고 있습니까?

하나님이 당신에게 말씀해주신 것 외에

달리 무엇을 더 말할 수 있겠습니까.

피난처를 찾아 예수님께로 달아난 당신에게 말입니다.

"설교는 무척이나 명쾌하고 깔끔했어요." 그 학생이 말했다. 하지만 "저는 앉아 있으면서 속이 부글부글 끓어 올랐어요. 왜냐하면 제가 대답하고 싶지 않은 물음들이 떠올랐기 때문이에요. 그때 우리는 찬송을 불렀어요. '하나님이 말씀해주신 것 외에 달리 무엇을 더 말할 수 있는가?' 라고요. 저는 그때 이렇게 소리치고 싶었어요 '하나님 좀더 말씀해주시면 안 되나요! **좀더** 말이에요! 나는 너무 많은 의문을 가지고 있어요. 그런데 그에 대한 해답은 아무것도없어요!'"

나는 그녀의 질문에 명쾌한 답을 준비하지 못한 상태였다. 나 역시 그가 부른 찬송가사에 나온 답변밖엔 해줄 것이 없다. 그럼에도 나는 그녀가 그런 질문을 계속할 수 있도록 격려했다. 하나님께 직섭 따져보라고 말이다. 실제로 나는 그녀에게 성경은 우리가 하나님의 위엄에 도전하는 것을 허용하고 있다고 말했다. 시편의 기지도 정식으로 주님께 어려운 질문들을 던지고 있다.

시편은 나의 영적 생활에 중요한 부분을 차지한다. 나는 시편의 시들을 정기적으로 읽고, 그것으로 기도한다. 그 이유는 시편 말씀이 내 영혼의 다양한 감정을 건드리기 때문이다. 나는 나의 다양한 기분들을 기꺼이 표현하는 것이 칼빈주의 교리의 핵심을 영예롭게 하는 중요한 부분이라고 확신한다. 더 중요한 것은, 그렇게 하는 것이 성경의 메시지를 영예롭게 하는 길이다.

나는 최근에 나온 예배 찬송들을 소개하는 것을 좋아한다. 왜냐하면 그 찬송들이 시편의 노래를 오늘날의 기독교 공동체로 하여금 다시 부를 수 있게 해주기 때문이다. 시편을 노래하고 찬양하는 것은 기독교 예배의 오랜 전통이다. 그러나 이러한 관례가 잠시나마 교회에서 많이 시들해져간 게 사실이다. 시편은 현 시대의 찬송에서도 매우 중요한 부분을 담당하고 있다. 이것은 매우 좋은 현상이다. 하지만 요즘 들어 전형적인 "찬송" 시편들만 부르는 것 같아서 염려가 된다. 우리에겐 애가의 시편도 필요하다. 여기서 시편기자들은 종종 하나님께 불평한다. 아니 아예 노골적으로 그들의 불만을 토해낸다. 여기 한 예가 있다.

> 여호와여 어느 때까지니이까? 나를 영원히 잊으시나이까?
> 주의 얼굴을 나에게서 어느 때까지 숨기시겠나이까?
> 나의 영혼이 번민하고 종일토록 마음에 근심하기를 어느 때까지 하오며
> 내 원수가 나를 치며 자랑하기를 어느 때까지 하리이까?
> 시편 13:1-2

그리고 이런 분노보다 더 심한, 심지어 빈정거리는 표현까지 있다.

> 주여 깨소서! 어찌하여 주무시나이까?

일어나시고 우리를 영원히 버리지 마소서!
어찌하여 주의 얼굴을 가리시고
우리 고난과 압제를 잊으시나이까?

시편 44:23-24

  이 시편 기자들은 하나님의 주권에 대해 명확한 개념을 가지고 있는 사람들이다. 그들은 하나님이 주무시는 분이 아니란 사실을 알고 있다. 하나님이 전지하시고 무소부재하신 분이란 것을 알고 있다. 하지만 세상에는 끔찍한 일들이 벌어지고 있고, 그 일들은 인류를 향해 계시된 하나님의 의지를 거의 침해하고 있다. 어떻게 하나님이 그런 일들에 대해 두 손 놓고 방관하실 수 있는가? 왜 하나님은 악을 제거하시기 위해 적극적으로 행동하시지 않는가? 때문에 시편 기자들은 하나님께 달려들었던 것이다. *주님 만일 당신이 성경이 말하는 바로 그 하나님이라면, 어떻게 우리를 위해 행동하시지 않을 수 있습니까?*

  시편 기자들은 앞에서 언급한 그 여학생이 했던 것과 같은 질문을 던지고 있다. 세상을 향한 그분의 목적에 대해 하나님이 우리에게 좀더 말해주실 수 있는 것은 무엇인가? 글쎄, 솔직히 굉장히 많다.

랍비에게서 배운 교훈

  나는 이런 종류의 이야기가 영적인 겸손함을 구비하지 못한 그리스도인들에겐 일종의 공격으로 보여지게 되리라는 사실을 알고 있다. 하지만 나는 그러한 반응이 최근 기독교 영성에 있어서 중대한 결함을 지적하는 것이라고 생각한다. 이것이 바로 내가 종종 그리스도인 사상가들보다 오히려 유대인 저자들에게서, 하나님의 주권에 대해 더 많은 통찰을 얻게 되는 이유이다. 몇 가지 중요한 요점에 있어서, 그들은 내가 알고 있는 많은 칼빈주의자들보다 더 훌륭한 칼빈주의자들이다.

나는 특별히 데이비드 월페(David Wolpe)가 쓴 『상처입은 마음의 치유자: 유대인의 관점에서 본 하나님』(*The Healer of Shattered Hearts: A Jewish View of God*)이라는 소책자를 통해 많은 도움을 받았다. 여기서 월페는 랍비 전통에서 본 하나님의 주권에 대해 여러 흥미로운 통찰들을 제공해 준다. 한 예로, 그는 유대 사상에서 다양한 방식으로 하나님을 비난하는 내용들이, 실제로는 하나님과 인간 사이의 깊은 친밀성의 의미를 담고 있는 표현(예를 들면, 하나님께서는 인간의 고통에 아무런 반응도 하는 않는 자라고 한다든가 졸면서 일하시는 분이라고 하는 것과 같은)이라고 지적한다.[29] 월페는 이를 소돔을 구하기 위해 하나님을 설득하는 아브라함의 수고를 예로 들어 설명한다. 이 대화를 월페는 "기록상 최고로 염치없는 협상"이라고 표현하고 있다. 이 대화를 들여다보면 아브라함이 약간의 비난을 섞어가며 하나님께 도움을 요청하고 있다는 사실을 알 수 있다. 아브라함은 "주께서 이같이 하사 의인을 악인과 함께 죽이심은 부당하오며 의인과 악인을 같이하심도 부당하니이다 세상을 심판하시는 이가 정의를 행하실 것이 아니니이까?"(창 18:25)라며 따지고 들었다.[30]

이 정도의 "대담함은 여전히 성경 이야기를 읽는 독자들을 놀래킨다"고 월페는 말한다. 결국, 하나님이 통치하시는 분이라면(만일 하나님이 실제로 "온 천하의 심판자"라면), 아브라함은 하나님께서 정하신 계획에 무조건적으로 복종해야 하지 않는가?

이런 생각에 대해 월페는 하나님의 주권에 대해 기본적인 요점을 놓치고 있는 것이라고 주장한다. 하나님은 우리에게 지키라고 요구하시는 표준 규범들을 제정하신 분이다. 그분은 우리에게 정의롭고 신실하고 자비로운 자가 되라고 말씀하시는 분이다.

> 하나님께 의문을 가져서는 안 된다고 가정하는 것은 우리가 선한 것을 진정으로 다루지 못한다는 것을 가정하는 것뿐이다. 모든 종교는 우리가 선에 대해 약간의 지식을 가지고 있다고 전제하기 때문에, 우리는 윤리적 규범들의 제정자를 똑같은 규범들에 붙들어 맬 수 있는 권리가 있다. 하나님은 그분 자신의 선언에서 벗어날 수 없으시다. 그분은 온 세상의 심판자시다. 그는 정의를 행하셔야만 한다.[31]

대다수의 전통적인 랍비들은 하나님이 얼마나 선하신지에 대해 언급하는 것을 주된 과제로 여긴다. 여기 월페가 제시한 매혹적인 예가 있다. 한 존경받는 랍비가 한번은 속죄일(욤키푸르, *Yom Ktppur*)의 개회 예배를 준비하면서 언약궤 앞에 서 있었다. 개회기도는 정확히 태양이 지는 순간에 시작해야만 했다. 그래서 랍비는 조용히 그 순간을 기다렸다. 그는 깊은 생각에 잠긴 것처럼 보였다. 예배를 드리기 위해 모인 사람들은 그가 시간이 되었음에도 기도를 시작하지 않는 것을 보고 걱정하기 시작했다. 그 순간 랍비는 이렇게 말했다.

> "사랑하는 하나님," 그는 말했다. "우리는 매해 그랬던 것처럼 올해도 당신 앞에 나와 당신의 용서를 구합니다. 하지만 작년에 나는 죽을 이유가 없었습니다. 나는 세상에 어떤 역병도, 어떤 지진과 홍수도 일으키지 않았습니다. 나는 어떤 여자를 과부로 만들거나, 아이를 고아로 만들지도 않았습니다. 하나님, 이런 일을 행하신 것은 당신이시지 제가 아닙니다. 아마도 당신이 제게 용서를 빌어야만 할 겁니다."
> 위대한 랍비는 잠시 기도를 멈추었다가 이내 부드러운 목소리로 계속 했다. "하지만 당신은 하나님이시고 나는 단지 레위인 이츠하크(Levi Yitzhak)이기 때문에, 당신의 이름은 장엄하고 신성합니다 (Yisgadal v' yiskadah sh' mei rabah)." 그리고서 그는 예배를 드리기 시작했다.[32]

이것은 모든 일들의 책임을 너무 하나님께만 돌리는 많은 그리스도인들을 비난하는 것일 수 있다. 그러나 중요한 것은 여기서 작용하는 영적 충동들을 분별하는 것이다. 신성모독과 깊은 경건에서 비롯되는 하나님에 대한 도전 사이의 경계선은 아주 얇을 수 있다. 하지만 랍비는 여기서 그 선을 넘지 않았다. 그는 불경한 태도로 하나님을 조롱한 게 아니다. 아브라함처럼, 그 랍비도 하나님께서 자신의 고유한 신적 본성에 관하여 실제로 보여주신 바가 무엇인지를 심각하게 따지고 든 것이다. 하나님은 진정으로 신실하고 인애로운 분이시라고 자신을 우리에게 소개하셨다. 또한 하나님은 자신의 백성에게 자비를 사랑하고 정의를 행할 것을 요구하시는 정의의 하나님이시라고 우리에게 선포하셨다. 정말 분노에 차서 주님께 어떻게 주님의 행동이 (또는 행동의 결핍으로 보이는 것) 스스로 선언하신 그 속성들과 일치하지 않을 수 있는지 물을 때, 우리는 주님의 친밀한 백성, 즉 우리 삶에서 주님을 진심으로 사랑하고 주님의 뜻을 이해하기 원하는 백성으로서 주님께 말하고 있는 것이다.

 우리가 하나님께서 계시해 주신 내용을 가장 잘 이해하는 방법이 어떤 것인지를 정직하게 따져 물을지라도, 그것이 하나님을 더럽히는 행위는 아니다. 또한 우리가 그분의 존전에서 우리가 가진 당혹감과 좌절을 진실되게 표출할지라도, 그것이 하나님을 모독하는 행위는 아니다. 하지만 우리는 하나님께서 이 세상을 통치하시고 있다는 사실을 알기 때문에(그리고 하나님께서 자신의 통치방식을 우리에게 증명하셔야 되는 것은 아니기에) 결국 찬송을 부르며 나아가야만 한다.

비극 속에서 얼굴을 바라보기

나는 네덜란드의 한 작은 시골 마을에서 잠시나마 설교목사로 봉사했던 네덜란드 신학자가 쓴 이야기를 읽은 적이 있다. 그는 그 마을에서 목사로 재직하던 중 끔찍한 비극을 겪었다. 그리고 이 사건은 그가 속한 칼빈주의 교회를 다니던 몇 가정의 삶 가운데 깊은 영향을 미치게 되었다. 그는 끔찍한 사건을 겪은 사람들을 만나 위로하려고 했다. 그런데 그렇게 하는 중에, 그는 그들에게 그 끔찍한 사건이 왜 일어났는지를 설명하기에는 자신이 너무 무능력하다고 말했다. 그러자 교인 가운데 한 사람이 다음과 같은 말로 그를 더 혼란케 했다. "목사님, 어떤 침입자도 우리에게 이런 짓을 하지는 않았습니다."

이 이야기는 그 신학자가 비극 속에서도 하나님을 향한 신앙을 유지해야 한다고 말하면서 한 예로 쓴 것이었다. 그는 말하기를, 이 비극속에서 그들이 보았던 "얼굴은 실제 얼굴이 아니었습니다. 그 뒤에 하나님의 친근한 얼굴이 숨어 있었습니다"고 했다.[33] 마을 사람들은 분명 그들에게 일어난 비극적인 사건으로 인해 깊은 비탄에 빠져 있었다. 그들은 그들의 목사가 당혹감을 표현하면서 시작 했다는 것을 알았다. 그들은 또한 주님께서 도대체 왜 그들에게 이런 끔찍한 일을 허락하신 것인지 의아해했다. 그러나 그들은 그 근거를 명확하게 알고 싶어 했다. 그들에게 이런 짓을 행한 것은 어떤 침입자가 아니었다. 그것은 그들이 경배하고 신뢰했던 하나님이셨다. 이처럼 하나님을 사랑하는 그들의 신앙이 시험에 들긴 했지만, 그 근본 토대까지 흔들린 것은 아니었다. 왜냐하면 그들은 월페가 하나님을 비난했던 랍비 이야기를 들려주면서 지적하고자 했던 바를 이미 이해하고 있었기 때문이다. 앞에서 보았듯이 그 랍비는 속죄일에 하나님을 비난하면서도 충만한 신앙심으로 주님을 찬양했다.

> 계속 기도하는 것이 궁극적인 해답이다. 하나님의 침묵으로 인해 겪는 고통과 괴로운 질문들을 피할 수는 없다. 하지만 결국 유대교적 태도는 항상, 설령 그것이 가까울지라도, 하나님과 인간 사이에는 간격이 있다는 것과 우리는 궁극적으로 하나님의 의도와 계획을 이해할 수 없다는 것을 이해하는 것이었다. 그래서 우리는 계속 기도한다.[34]

우리를 못살게 구는 하나님?

분명 그리스도인들은 더 많은 것을 말하기를 원한다. 우리는 우리의 유대인 친구들과 똑같은 입장으로 끝낼 수 없다. 내가 내힉원 철학과를 다닐 때, 유독 기독교에 대해서 적개심을 품은 교수 한 명이 있었다. 물론, 우리 과의 교수 대부분은 비기독교인이었다. 하지만 그들은 기독교에 대한 공격적인 '안티'들은 아니었다. 그러나 그 교수는 오래 전에 자신의 어릴적 신앙을 포기했다. 그는 종교적인 질문들을 무시하거나, 또는 침착하게 그 질문들에 대해 토론하는데 만족하는 사람이 아니었다. 그 교수는 성경의 관점이 지닌 사악함을 학생들에게 납득시키려는 노력을 자신의 사명처럼 생각하는 것 같았다.

그는 특별히 욥기에 대해 이야기하는 것을 좋아했다. 그래서 그 이야기를 독특하게 개작해서 들려주었다. 대부분은 전통적인 이야기 구조를 따르는데, 결론 부분에서는 전통노선에서 이탈했다. 그는 하나님이 욥에게 타당한 답을 해주시지 않고 자신의 능력을 과신하셨다고 주장했다. 욥기 40장과 41장에서 하나님이 들려주신 그분의 광대한 창조사역에 대해 이야기하면서 말이다. 베헤못은 너무 강해서 어떤 인간도 이 동물을 길들일 수 없다. 다만 "그것을 지으신 이가 자기의 칼을 가져오기를"(욥 40:19) 바랄 수 있을 뿐이다. 또한 주께서는 심해의 리바이어던도 "네가 어찌 그것을 새를 가지고 놀듯 하겠으며 네 여종들을 위하여 그것을 매어두겠느냐"며 욥에게 반문하셨다. 하지만 전능하신 하나님께서는 "세상에는 그것과 비할 것이 없으니 그것은 두려움이 없는 것으로 지음 받았구나"(욥 41:33) 라고 하실 정도로 무시무시한 짐승을 능히 길들이실 수 있는 분이다.

여기서 주님이 하신 일을 가지고 그 선생님은 다음과 같이 주장했다. 하나님께서는 권능의 쇼를 펼치신 것이다. 하나님은 자기 가슴을 치는 난폭한 깡패 같은 존재다. 욥은 하나님께 분명 타당한 요구를 했다. 하지만 하나님이 하신 대답은 "나는 너보다 크다! 너는 이렇게 할 수 있어? 할 수 있냐고? 네가 이런 걸 할 수 있겠냐 말이야."

그러면서 선생님은 결정적인 한 방을 날렸다. 결국 욥은 한숨을 쉬면서 이렇게 말했다는 것이다. "네, 당신이 이겼습니다. 당신은 저보다 크십니다. 전 당신께 항복합니다." 그때 사탄은 욥에게 윙크를 했다. 그리고 욥도 사탄에게 윙크를 보냈다. 그 둘은 이제 답을 얻게 되었다. 하나님은 유치하고 난폭한 깡패라는 해답을 말이다.

하나님의 침묵을 이해하기

하나님을 난폭한 깡패로 묘사하는 것은 신성모독이다. 하지만 위에서 본 바와 같이, 짖궂은 방식으로 욥 이야기를 해석하는 것은 중요한 시사점을 내포하고 있다. 실제로 하나님은 욥에게 대답하지 않으셨다. 하나님은 욥의 물음에 직접적으로 응답하시기보다는 자신의 힘을 보여주셨다. 이해하기는 어렵지만 이것이 구약의 맥락에서 제시할 수 있는 최상의 하나님이다.

그런데 여기서 양상을 바꾸어 신약성경의 맥락을 살펴보자. 확실히 복음서의 설명에서도 우리는 욥의 이야기에서 제기된 것과 같은 질문들에 대해 더 명쾌한 해답을 얻어내지는 못한다. 하지만 하나님께서 욥을 이해시킬 때와는 다른 방식으로 대답하시는 것을 볼 수가 있다. 하나님께서는 이 세상에 자신의 독생자를 보내주셨다. 예수님이 우리의 조건 속으로 들어오신 것이다. 그분은 우리가 당하는 것과 같은 방식으로 유혹을 당하셨고, 우리가 겪는 고통과 같은 방식으로 고통을 겪으셨다. 이러한 그분의 지상사역 때문에 우리는, "우리의 연약함을 동정"하시고 "모든 일에 우리와 똑같이 시험을 받으신 이로되 죄는 없으신" 분을 구원자로 얻게 되었다 (히 4:15).

예수님은 갈보리에서 자신의 몸에 우리의 죄를 품으신 채, 우리를 위해 끔찍한 죽음을 당하셨다. 그리고 그분이 십자가 달려 이렇게 외치실 때, "나의 하나님, 나의 하나님, 어찌하여 나를 버리시나이까?" 거기에는 아무런 대답도 없었다. 하나님은 침묵하셨다.

그러나 갈보리에서 있었던 하늘의 침묵은 무관심의 침묵이 아니었다. 예수님은 십자가에서 일어난 일에 대해 아무 관심이 없는 깡패 같은 하나님에 의해 버림 받은 게 아니었다. 하늘의 침묵은 아주 다른 종류의 것이었다.

C. S. 루이스는 아내가 암으로 죽었을 때 자신의 절망에 대해 논하면서 이를 똑바로 구분지었다. 그는 자신의 노트를 하나님에 대한 질문과 불평으로 가득 채웠다. 하나님의 주권과 인간의 고통에 집중해서 이 문제와 치열한 씨름을 벌였다. 그러나 결국 그는 다음과 같은 해답을 얻게 된다.

> 하나님 앞에 이러한 질문을 던질 때 나는 아무 대답도 얻지 못한다. 단지 다소 특별한 종류의 무응답만을 얻는다. 그렇지만 잠긴 문은 아니다. 오히려 조용한, 분명히 동정어린 시선 같은 것이다. 마치 거절의 뜻이 아니라 질문을 보류하는 뜻으로 머리를 가로저으시는 것과

같다. "애야, 너는 이해하지 못한단다."35)

여기서 루이스가 말한 것은 갈보리에서 하나님이 침묵하신 이유를 파악하는 데 일말의 도움을 줄 수 있다. 만일 우리가 고통 받는 구세주의 사명에 대해 심각하게 고려해 본다면, 내 철학 교수에게 답할 수 있을 것이다. 그렇다, 하나님은 욥에게 아무런 대답도 주지 않으셨다. 뿐만 아니라 그분은 우리의 고통소리에 항상 대답하시지도 않는다. 구약성경에서 하나님이 하실 수 있는 유일한 것은, 그 질문에 대한 대답 대신에 그분의 주권적인 능력을 증거하는 것이다. 그러나 그리스도의 구속사역에서 하나님은 이보다 한 발 더 나아가셨다. 하나님이 우리에게 자신의 동정심을 증명해 보이신 것이다. 하나님은 다양한 방식으로 우리에게 말씀하신다. 우리가 그분의 목적에 대해 아무리 궁금해 하더라도 그분이 난폭한 깡패라고 생각할 만한 이유는 조금도 없다고 말이다. 왜냐하면 하나님은 궁극적으로 우리에게 오셨고, 우리를 위해, 우리와 함께 고통 받으셨기 때문이다. 이에 대해 그는 이렇게 물으신다. "넌 **이렇게** 할 수 있어? 할 수 있냐고?" 여기서 "이렇게"라는 말은 하나님께서 우리의 고통과 죄를 위해 자신의 아들에게 십자가의 저주를 당하게 하신 것을 뜻한다.

휘트워스 대학의 종교학 교수 제리 싯처(Jerry Sittser)는, 이 점에 대해 나보다 훨씬 뛰어난 설명을 해준다. 제리와 그의 세 자녀는 그의 어머니와 부인 그리고 어린 딸을 잃게 한 끔찍한 사고에서 살아남았다. 제리는 자신이 겪은 이 엄청난 고통과 오랫동안 씨름했던 일(영적이면서도 신학적인)에 대해 글을 쓰고 이를 책으로 남겼다. 그가 쓴 책은 그러한 상실감을 주제로 한 책 가운데서(적어도 내가 읽었던 책 중에서는) 가장 심오한 의미를 담고 있는 것이었다. 제리는 신실한 칼빈주의자로서, 그 사고를 겪기 전까지만 해도 하나님의 주권을 강하게 확신했던 사람이다. 하지만 그 사고를 겪은 후, 그가 믿었던 하나님의 주권은 그에게 있어 저 멀리 떨어진 뜬구름에 불과한 것이었다.

> 상실을 겪으면서 나는 하나님이 무서우면서도 불가해한 분이라는 생각이 들었다. 오랜 시간, 내게는 그분의 주권이 한겨울의 높은 절벽 같이 보였다. 미끄럽고, 차가우며, 칼바람이 부는 빙벽…. 내가 아무리 그 앞에 있다 해도 그에게 나라는 존재와 내가 겪는 고통은 안중에 없는 것 같았다…. 나는 하나님께서 나의 고통을 보시고 그것에 대해 책임을 지시라고 소리를 질렀다. 그러나 돌아온 건 외로운 메아리뿐이었다.[36]

그가 결국 하나님의 주권 안에서 평안을 누리게 되었을 때, 제리는 예수님의 고통에 대해 새로운 의미를 발견하게 되었다:

> 우리를 너무 사랑한다는 이유 때문에, 결코 그러실 필요가 없었는데도, 하나님께서는 인간이 되기를 자청하셨고 상실의 고통을 맛보셨

다. 여기에 성육신의 참된 의미가 있다. 나의 슬픔은 오랫동안 강렬하게 이어졌고 견디기 힘들었다. 그러나 만물을 다스리는 주권자 하나님이, 내가 살고 있는 일상의 고통을 겪어보신 하나님이라는 사실을 알고 나서 위로를 얻을 수 있었다. 내가 허우적대는 구덩이가 아무리 깊다고 해도 나는 거기서 하나님을 찾을 것이다.[37]

"어떤 행동을 취하는 것"

나는 하나님의 주권에 대해 자신들의 믿음을 두고 씨름했던 사람들(하나님의 용서를 구했던 랍비, C. S. 루이스, 제리 싯처 등)을 대단히 높이 평가한다. 그들이 했던 고뇌는 내게 수동적 운명론의 태도보다 더 성경적이고 신실한 것으로 다가온다. 이 사람들이 했던 고뇌의 흔적은 내가 보기에 건강한 칼빈주의의 본질을 이루는 것이다.

언젠가 내가 살던 도시에서 특별한 인종 위기가 닥쳤을 때, 내가 속한 공동체(다양한 교파 출신들이 모인)는 여러 인종 간의 화합을 위해 헌신했던 신앙인들처럼 반응하는 방법이 무엇인지를 놓고 토론했다. 어떤 사람이 초교파적인 기도회를 하자고 했고, 우리 중 몇 사람이 매우 훌륭한 아이디어라고 찬성했다. 그런데 행동주의를 지향하던 한 젊은이가 "나는 기도만 하는 것을 원하지 않습니다"라며 격양된 목소리로 외쳤다. "나는 우리가 어떤 **행동**을 취해야 한다고 봅니다!"

나도 우리가 "기도만" 해서는 안 된다는 사실에 동의했다. 그 상황에서 우리는 분명 다른 어떤 행동을 취해야 했다. 하지만 나는 기도에 관해 그 청년이 지닌 신학적 가정에 대해서는 동의하지 않는다. 기도도 어떤 행동을 취하는 것이다. 기도는 우주의 통치자에게 탄원하는 행위이다. 기도는 최종법정에서 우리의 의견을 진술하는 것과 같은 행동이다.

아브라함이 하나님과 논쟁했을때, 그는 어떤 것을 **하고** 있었다. 시편 기자들 역시 그들 주위에서 일어나는 불의와 억압에 대해 애통할 때 그렇게 한 것이다.

탄원과 불평의 기도는 칼빈주의 영성에서 매우 중요한 부분을 차지한다. 나는 온 세상을 주관하시는 분이, 그가 묵인하시는 것처럼 보이는 일들을 허락하실 때, 대체 무슨 생각을 하고 계신 것인지 몰라 절망에 빠진다. 그런 상황에서, 나는 *어떤 것을 행하는 것*(기도) 외에 다른 선택이 없다고 느낀다. 나는 하나님께 따진다. 불의한 상황 속에서 전능자의 존전에 나가 나의 불만을 토로하기에 적절한 시편을 찾아 기도한다. 이 모든 것을 하면서도, 나는 좀처럼 대답을 찾지 못한다. 그런데도 나는 내 의견과 염려를 피력할 필요가 있다고 여긴다.

그런데 이런 상황에서 내가 습득한 또 다른 핵심이 있다. 그것은 십자가를 바라보는 것이다. 나는 고통당하신 예수를 바라본다. 그의 절망하는 소리를 듣는다. 그때 나는 다시 한 번 하나님의 아들이 고뇌에 찬 애가의 시편을 사용하는 것을 듣는다. "나의 하나님, 나의 하나님, 어찌하여 나를 버리셨나이까?"(마 27:46). 이는 완전한 유기와 고립 가운데서 그분이 부르짖은 말이다. 내가 갈보리의 이 사건을 상기할 때면, 하나님의 "침묵"이 닫힌 문이 아니라 자비롭고 슬픔에 찬 응시임을 마음 깊이 깨닫게 된다. 그래서 얼마 후, 때로는 꽤 시간이 흐른 뒤, 나는 다시 찬송을 부를 수 있게 된다.

하나님이 상실에 대해 무엇을 아실까?

나는 최근에 영국의 한 스포츠 경기 이벤트 시간에 상당수의 사람들이(그들 가운데 대부분은 청년들이었다) 사고로 죽게 된 비극적인 참사와 관련된 이야기를 읽었다. 그 사건이 있은 후, 한 사건 담당 공무원이 자식의 사망 소식을 듣고 모여든 격노한 부모들을 만나게 되었다. 그 공무원이 사망명단을 다 읽고 난 후, 그는 개인적으로, 한 사람의 그리스도인으로서 하나님께서 그들을 위로해주시기를 소원하는 기도를 하자고 말했다. 그러자 거기 모인 부모들 가운데 한 사람은 화난 목소리로 이렇게 쏘아붙였다. "하나님이 우리 아들을 알기라도 한다던?"

이 이야기를 읽었을 때, 나는 루 스미즈가 하나님이 아들을 내려가시는 바람에 슬픔에 잠긴 부부에게, 하나님도 당신들과 함께 슬퍼하고 계신다고 말했던 것이 생각났다. 그리고 제리 싯처가, 자신의 독생자를 십자가에 내어주신 하나님을 이야기한 것도 생각났다. 싯처는 하나님을 이렇게 표현했다. "고통받는 주권자."[38]

앞에서 언급했던 네덜란드의 한 작은 마을에 살던 주민들이 옳았던 것 같다. 우리의 삶 속에서 벌어지는 수많은 사건들에 대해 하나님의 목적을 이해하는 것은 불가능해 보인다. 그러나 우리가 논의하고 있는 분은 결코 침입자가 아니다.

06

선택받은 이후

튤립은 일차적으로 개인의 구원에 초점을 둔 교리다. 그리고 내가 이제껏 이야기한 것처럼, 그 초점은 모든 것을 주관하시는 하나님의 주권을 인정하는 영성과 더불어, 기본적으로 "순전한" 칼빈주의가 전부라는 것이다. 내가 한 사람의 칼빈주의가 되는 것에 점점 매력을 느끼게 된 것도 바로 이 점 때문이었다. 앞에서 진술한 것처럼, 나는 결국 칼빈주의에서 내가 고심했던 문제들을 다룰 만한 길을 찾게 되었다. "순전함"에 의지하는 가운데, 나는 칼빈주의적 삶과 사상에서 보다 "더 많은 것"을 발견하게 되었다.

워싱턴에서 만난 칼빈주의 행동주의자

1969년 가을, 나는 베트남 전쟁에 반대하는 "워싱턴 대행진(March on Washington)"의 대열에 참여했다. 이는 명목상 한 잡지사의 부탁에 저널리스트로 참가하게 된 것이었다. 즉, 복음주의 기독교인의 관점에서 반전 운동에 대한 보도를 써 달라고 해서 취재비를 받고 행진대열에 참여한 것이었다. 하지만 사실 나는 "객관적인" 보도자로 거기에 있지 않았다. 난 베트남전이 불의한 전쟁이라고 믿고 있었다. 그런 마음으로 나는 조국의 부당한 개입을 철저하게 막고자 했던 많은 사람들의 대열에 동참했던 것이다.

함께 행진했던 수천 명의 사람들이 지닌 이념은 매우 다양했다. 한 급진단체는 베트콩 깃발을 휘날리기까지 해서 우리 중 많은 사람들을 당황케 하기도 했다. 반면에 어떤 사람들은 자신이 조국을 사랑하는 시민으로서 이 전쟁에 반대한다는 사실을 보여주기 위해 성조기를 들고 행진하기도 했다. 이런 행진 대열의 곳곳에서, 나는 익숙치 않은 냄새가 나는 것을 감지했다. 그리고 누군가가 "모든 대마초 흡연은 혐오감을 불러일으킵니다"라고 외치는 소리를 들었다. 또 나는 전통복장을 차려입은 사제들과 수녀님들도 보았다.

이 모든 것들 중에서도, 나는 한 코너를 돌때 나보다 반 블록 앞에서 누군가에 의해 운반되고 있는 작은 피켓을 발견했다. 그 피켓에는 검은 크레파스로 "평화를 위하는 칼빈주의자"라는 문구가 쓰여 있었다. 나는 그리로 갈 수 있는 샛길을 찾아 피켓을 든 사람과 인사를 나누었다. 그는 혈혈단신으로 필라델피아에 있는 웨스트민스터 신학교에서 이곳까지 온 학생이었다. 그는 나에게 이렇게 말했다. "나는 전쟁을 반대합니다. 하지만 나는 평화를 여기 모인 사람들과는 좀 다르게 이해하고 있다는 사실을 밝히고 싶었습니다."

그때까지만 해도 나는 칼빈주의자가 취해야 할 사회적 행동론이 구체적으로 어떤 것이어야 하는지를 깊이 있게 고민하지 않았었다. 나는 칼빈주의와 사회의 연결이 가치 있는 시도란 걸 알고 있었다. 한 예로, 존 칼빈은 복음이 명료한 사회적, 정치적 함의를 가지고 있다고 믿었음을 알고 있었다. 또한 과거 많은 칼빈주의자들도 평생, 보다 구체적인 인간 상호작용의 차원들을 포함하여, 복음의 능력에 대해 행동하는 증인들로 활동했음을 발견했다. 하지만 분명한 것은 내가 그 반전시위에서 "평화를 위하는 칼빈주의자"라는 글귀를 보고서 당혹스런 마음을 감출 수 없었다는 사실이다. 그 피켓은 내게 기본적인 튤립교리의 관점과 칼빈주의자(곧, 세상 속에서 주님의 행동하는 제자로 주님을 섬기는 방법을 이해하는 자) 사이의 연결점에 대해 보다 명확히 이해하기 위해서는 어떤 작업을 해야 한다고 말해 주었다.

어떤 것으로의 선택

여기 출발점으로 좋은 것이 있다. 어떤 사람이 미국의 대통령으로 선택된 다음, 그가 임기 첫 해를 자신이 선택된 사실에 대해 말하는 것으로만 다 보냈다고 가정하자. 국민과의 대화에서, 그는 자신이 (대통령에 선택될 수 있었던 모든 사람들 가운데서) 얼마나 스릴 넘치게 대통령 직무에 선택되었는지를 말한다. 그는 자신이 선택될 수 있었던 방법을 정확히 알기 위해 연구를 위임하고, 정기적으로 그에게 표를 준 시민들에게 감사한다. 더불어 그의 전임자들(그 앞에 대통령에 선택되었던 사람들)에 대해서도 말하고, 선택된 공무원들로 구성된 뛰어난 집단과의 교제에 자신이 들어간 것이 얼마나 큰 특권인지에 대해서도 이야기한다.

그러면 국민들은 어떻게 할까? 아마도 국민들은 그가 무시하는 것처럼 보이는 중요한 질문을 생각하도록 그에게 강요하게 될 것이다. 즉 "당신이 선택된 **이유**가 무엇인가?" "당신으로 하여금 무엇을 **하라고** 우리가 당신을 선택했나?"와 같은 것이다.

칼빈주의도 이와 같은 것이라고 확신한다. 선택되고 그래서 그 사실에 기뻐하는 것으로 충분치 않다. 하나님의 선택은 어떤 것**으로의** 선택이다. 우리는 어떤 "사명"에서 봉사하라고 하나님에 의해 선택된 것이다. 이 부분이 튤립을 넘어서야 하는 지점이다. 튤립의 가르침은 한 가지 중요한 질문에 초점을 맞춘다. "즉 타락한, 아무런 희망없이 철저히 부패한 인간이 어떻게 하나님과 화해하게 되었는가?" 하는 것이다. 이에 대해 튤립이 주는 간단하고도 명료한 해답은, "오직 하나님의 주권적 은혜"이다. 그러나 한 가지 중요한 다음 질문이 있다. 즉 "우리가 하나님과 화해한 이후에는 무슨 일이 일어나는가?"이다. 이러한 문제에 대한 해답 역시 하나님의 주권 개념에 있다. *하나님은 우리를 선택하셔서, 삶의 모든 영역을 통치하시는 그분의 주권을 드러내는 언약공동체에 참여케 하신다.*

공동체와 그리츠(Grits)

나는 언젠가 뉴저지 토박이인 신부님에게서 그가 처음 미국 남부 지역을 여행할 때 겪었던 일에 대해서 들은 적이 있다. 그 신부님은 여행 첫날 아침 호텔 식당에서 무엇을 먹을지 고민했다고 한다. 메

뉴판에는 그리츠(grits)[39]를 조합한 여러 음식들이 적혀 있었다. 여종업원이 주문을 받으러 왔을 때, 그는 이렇게 물었다. "아가씨, 그리츠가 뭔가요?" 그녀가 대답했다. "손님, 그리츠는 다른 음식에 곁들여 나오는 것이라서 **그것만** 드실 수는 없어요!"

신부님은 그리스도의 몸이 가지는 중요성에 대해 강조할 때 이 이야기를 활용했다. 그리스도인들은 혼자서는 살 수 없다. 그리츠와 같이, "그리스도인"은 복수적인 존재다. 예수님을 따르는 것은 공동체의 한 부분이 되는 것이다. 이는 우리 모두에게 훌륭한 신학이다. 사도 베드로가 초대교회에 제시한 다음의 말씀도 그와 같은 뜻이다. "그러나 너희는 택하신 족속이요 왕 같은 제사장들이요 거룩한 나라요 그의 소유가 된 백성이니 이는 너희를 어두운 데서 불러내어 그의 기이한 빛에 들어가게 하신 이의 아름다운 덕을 선포하게 하려 하심이라 너희가 전에는 백성이 아니더니 이제는 하나님의 백성이요 전에는 긍휼을 얻지 못하였더니 이제는 긍휼을 얻은 자니라"(벧전 2:9-10).

공동체라는 주제는 칼빈주의자들의 전형적인 강조점이 되어왔다. 칼빈주의 전통의 상당부분이 특별히 "언약공동체"라는 용어를 좋아한다. 이는 전통적으로 튤립 교리를, 하나님께서 믿는 자들과 그들의 자손들을 특별한 언약적 교제 안으로 부르신다고 주장하는, "언약신학"과 밀접하게 연결시켜 온 개혁파 교회와 장로회 교회 성도들에게 더욱 그러하다. 개혁파와 장로교 형태의 교단에서는 이를 유아세례를 입증하는 근거로 사용해왔다. 심지어는 많은 침례교 칼빈주의자들까지도(이런 유형의 대표자로는 스펄전을 들 수 있겠다) 언약공동체 사상을 그들 설교의 핵심으로 두었다.

  칼빈주의 비평가들이 종종 놓쳤던 언약신학이 주는 한 가지 이점은, 하나님과의 언약적 관계라는 개념이 자주 예정의 교리를 "부드럽게" 해 준다는 것이다. 우리가 영생으로 예정되었다는 믿음이 그리스도인의 삶을 결정론적, 심지어 숙명론적으로 이해하게 할 수 있다는 것은 부인할 수 없다. 만일 선택하신 분이 하나님이라면, 하나님에 대한 우리의 선택이나 반응은 한낱 촌극에 지나지 않는 것이라고 생각하기 쉽다. 모든 것이 다 미리 계획된 것이니 말이다.

  하지만 칼빈주의 사상가들은 예정에 대해 이런 식의 함축을 부인한다. 문제는, 이를 부인함에도 불구하고 여기서 사용한 신학적 진술들이 형식적이고 추상적인 것처럼 보인다는 것이다. 사람들은 그들의 선택이 중요하다고도 들을 수 있지만, 그들이 예정에 대해 많이 듣게 되면, 이 메시지는 매우 깊은 수면 아래로 잠기고 만다. 그러나 언약 개념이 강조되는 경우, 하나님과 구속받은 인간 사이의 관계는 다른 인상을 주게 된다. 언약은 **동반자들** 사이에서 체결된다. 이 경우 동반자라는 것은 아무리 상상의 나래를 편다 해도 평등하지 않다. 그럼에도 동반자 관계는 실제적인 것이다. 우리와 하나님 사이에는 **계약**이 있다. 우리는 동반자 관계의 조건에 동의한다. 또한 하나님께서도 우리와 맺은 약속을 준수하는 것에 동의하신다. 언약적 동반자 관계는 일종의 **교제**다. 그것은 **친밀감**을 특징으로 한다.

이 모든 것이 사실 칼빈주의자들을 통해서 강조되어 온 것이다. 이러한 언약사상 때문에, 우리를 미리 설계된 로봇처럼 여기는 신학이라고 비난받던 것에서, 이제 하나님과 하나님의 백성 간의 관계에 대해서 보다 "부드럽고", "따스한" 관계로 이해할 수 있는 길이 열리게 된 것이다.

하지만 나는 특히 하나님이 우리를 공동체로 부르신 것은 우리가 홀로 실천할 수 있는 것보다 더 큰 사명을 감당케 하시기 위함이라고 말하는 것을 좋아한다. 우리를 택하신 하나님은 그분의 뜻을 행하고, 또 자기 백성을 위해 준비된 언약적인 요구사항들을 실천하는 삶의 방식을 따르라고 우리를 부르신 것이다. 나는 언젠가 구약은 협동적이고 "이 세상적"인 신앙을 강조하는 반면, 신약은 일차적으로 개인적이면서 "천국 지향적"인 삶의 방식으로 이동한다고 설교하는 목사를 본 적이 있다. 그것은 언약신학에 정확히 반대되는 이분법이다. 하나님은 구약에서 신약에 이르기까지 자신의 기본적인 관심사를 바꾸신 적이 없다. 하나님께서 고대 이스라엘을 선택하신 것은, 그들로 하여금 한 백성으로 세상에 살면서 그들을 구원하신 하나님께 순종하는 것이 무엇을 의미하는지를 보여줌으로써, 나머지 인류의 모형이 되도록 하기 위함이었다. 그리고 이와 똑같은 계획이 신약에서는 교회로 확장되었다.

하나님은 우리를 개인적으로 구원하신다. 하지만 이 말은 우리의 삶이 공동체라는 성격으로부터 분리되기를 원하신다는 뜻이 아니다. 우리는 우리가 속한 기독교 공동체라는 보다 넓은 소명의 맥락에서 우리의 개인적인 부르심을 발견할 필요가 있다. 그래서 하나님께서 우리 각자가 개인적으로 무엇을 행하기 원하시는 지를 분명히 알기 위해서는, 우리가 또한 하나님의 **언약 백성**이라는 더 큰 사명에 대해(그분의 주권적 은혜에 의해 유지되는) 분명히 알 수 있어야만 한다.

대사가 되기

스코틀랜드 장로파에 속한 한 역사가는 스코틀랜드의 초창기 칼빈주의 사상을 두 단계로 정리했다. 첫 번째 단계는 "그리스도만이 우리를 **구원하신다**"라는 선포에 의해 특징지어진다. 이것은 칼빈주의자들이 당시 로마 카톨릭에서 구원을 "의의 사역"이라고 말했던 것에 대해 반대함을 표현한 것이었다. 두 번째 단계에서 그 주제는 "그리스도만이 **통치하신다**"가 되었다. 이로써 스코틀랜드 장로교는 칼빈주의의 함의를 주권자이신 하나님의 권위에 어떻게 순종하며 살 것인가 하는 문제로 확장시켰던 것이다.[40]

이것은 내가 이 책에서 펼치고 있는 진행과 정확히 일치한다. 튤립 교리는 우리가 오직 은혜로만 구원받았다는 사실을 말해준다. 하지만 우리가 무엇을 **위해** 구원받게 되었는지를 물을 때, 우리는 모든 것을 주관하고 다스리시는 하나님의 증인(언약공동체를 통해서)으로 부름 받았다는 사실을 듣게 된다. 하나님의 주권에 **따라 행함으로써**, 우리는 하나님의 주권적 통치의 **대리인**이 되는 것이다.

나는 비복음주의자들(신학자, 비평가, 오피니언 리더 등)과 사회, 문화의 쟁점들에 대해 논의하는 일에 얼마간의 시간을 보낸다. 나는 그들이 경멸적인 목소리로 "신정(theodocy)"에 대해서 언급하는 것을 안다. 그들은 많은 보수적인 그리스도인들(특별히 "종교적 우파"와 동일시되는)을 "신정론자"처럼 생각하며, 세상을 바라보는 그들의 방식을 혐오한다고 말한다. 나는 종종 (적어도 부분적으로는) 태도와 행동의 차원에 있어서 그들의 비평에 동의한다. 많은 복음주의자들이 고도로 다원화된 문화에 적응하는데 힘들어 하는 것은 사실이다. 또 종종 우리의 세계관을 공유하지 않는 사람들에게 우리의 기준들(우리에게 있어서는 성경의 계시와 명백히 연결되는 것들)을 부과하려고 시도하기도 한다.

그러나 나는 신정정치가 **그처럼** 나쁜 압력을 받을 때면, 털이 곤두서곤 한다. 나는 신정주의자다. 여기서 신정주의는 "하나님의 통치"를 의미한다. 나는 하나님이 모든 것을 다스리신다고 믿는다. "땅과 거기에 충만한 것과 세계와 그 가운데에 사는 자들은 다 여호와의 것이로다"(시 24:1). 하나님이 자기가 창조하신 세계 전체를 능동적이고 적극적으로 다스리신다는 것을 믿는 모든 사람들은 신정론자다. 나는 이것이 모든 사람에게 "기독교적 문화"를 부과하려고 하는 것은 아님을 서둘러서 덧붙이고 싶다. 하나님은 사람들이 그분의 통치를 자발적으로 인정하기를 바라신다. 또한 하나님에 대한 순종의 삶이 자발적으로 이루어지기를 원하신다. 하나님이 모든 것을 통치하신다는 사실을 인정하지 않는 사람들에게 특별히 기독교적 기준을 부과하려고 할때, 우리가 얻게 되는 것은 하나도 없다. 메노나이트들은 이에 대해 좋은 격언을 가지고 있다. 그들은 우리가 현재 "하나님의 인내의 시대"에 살고 있다고 이야기한다. 맞는 말이다. 언젠가는 모든 사람이 무릎을 꿇고 모든 방언이 예수는 주님이라고 고백할 것이다. 그 날에 불신자들은 모든 것 가운데 존재하는 참된 권위를 인정하도록 강요를 받게 될 것이다. 하지만 그 날(심판의 날)은 아직 오지 않았다. 그래서 우리는 하나님의 통치가 모든 창조물에 명백해 질, 바로 그 날을 열망하는 기다림의 시대에 살고 있는 것이다. 기독교 공동체는 여기서 그리고 지금 하나님에 의해, 우리가 살아야 할 더 큰 세상에서 모든 것을 다스리시는 하나님의 주권을 인정하는, 증인으로 부름받은 것이다.

나의 영적 여정

내가 복음주의적인 분위기 속에서 성장하던 시절, 우리는 정기적으로 "간증 모임"을 가졌다. 때로 우리는 "팝콘 간증" 시간이라고 해서 우리의 신앙여정에 대해 서로 이야기를 나누었다. 그 모임의 인도자는 청중을 불러 세워 그리스도와의 관계에 대해 이야기하도록 했다. 그러면 간증이 서서히 시작되었다. 그러나 두 세 사람이 시작한 이후에는, 저마다 간증하기 위해서 팝콘 튀기듯 벌떡벌떡 일어났다. 간증은 자신의 신앙여정을 짤막하게 전달하는 게 필수사항이다. 그런 점에서 간증은 대단히 압축적이어야 한다(우리는 보통 우리 삶에 대해 지나치게 단순화된 이야기 구성을 만든다). 그러나 여전히 간증이라는 것은 하나님이 우리를 어떻게 다루셨는지를 조망해보는 데 도움을 준다. 오늘날 신학에서는 "내러티브"의 중요성이 더욱 강조되고 있는데도, 오히려 공동체에서 "간증모임"은 구식이 되어 사라지고 있는 것처럼 보인다.

어쨌든, 나는 나의 영적 여정에 대해 하나의 간증을 갖고 있다. 예수님이 누구신지에 대한 나의 이해는 세 단계로 발전했다. 처음 단계로, 나는 어렸을 때부터 예수님을 나의 구원자로 생각했다. 사도 바울이 디모데에게 쓴 편지의 다음 구절이 어린 시절 내 모습에 대해 잘 말해준다. "어려서부터 성경을 알았나니 성경은 능히 너로 하여금 그리스도 예수 안에 있는 믿음으로 말미암아 구원에 이르는 지혜가 있게 하느니라"(딤후 3:15). 내가 고등학생이었을 때, 1957년 뉴욕시에서 빌리 그래함 사역팀이 인도했던 구원의 초청 시간에, 나는 그 초청에 응답하여 통로로 나아갔다. 그리고 나를 구원하실 수 있는 유일한 분에 대한 나의 믿음을 고백했다. 그러나 그 당시 내가 알고 있었던 것에 대한 공적인 확신은 다음과 같은 것이었다: 인간이 경험할 수 있는 가장 중요한 것은 하늘이 보낸 구원자의 사랑스런 포옹이다.

대학 학부생 시절, 나는 예수님의 인격의 두 번째 차원, 즉 그분의 **주되심**을 발견했다. 이런 인식은 주로 지적인 문제에 대한 나의 자라나는 호기심에 적용되었다. 나는 예수님이 우리 지성의 주님이시라는 사실을 깨달았다. 나는 그 당시 내가 참석했던 대학 채플 시간을 잊을 수 없다. 그 때 우리 대학에 방문한 강연자는 프랭크 개벌린(Frank Gaebelein)이라는 사람이었는데, 그는 권위 있는 기독교 예비학교(prep school)인 스토니 브룩학교(Stony Brook School)의 교장이었다.

그의 강연 주제는 "그리스도인의 지성적 삶"이었다. 나는 아직도 그가 말한 내용을 기억하고 있다. 물론 그 때 일을 나의 기억에만 의존할 필요는 없다. 그의 강연이 나중에 자신의 에세이로 출판되었기 때문이다. 개벌린은 말하기를, 그리스도인들은 세속적 형태의 견해와 대조해서 "자신의 지적 삶에 신앙이 주입되어야 한다"고 했다. 하지만 그의 말이 그리스도인의 지적 활동이 쉽다는 것을 의미하지는 않는다. 만일 우리가 하나님을 영화롭게 하기 위해 우리의 지성을 사용해야 한다면, 우리는 그 대가를 지불해야 한다. "그리고 그 대가는 줄어들지 않을 것이다. 그것은 자기 절제나 단조롭고 고된 일의 훈련 이상이다."[41]

그 때까지 나는 학문적 활동을 언젠가 직업을 얻기 위해 하는 허드렛일과 같은 것으로 여겨왔다. 그런데 이제 나는 사고에 있어서 (그리고 어려운 주제를 연구하는 힘든 일에 있어서) 하나님께 영광을 돌리고 주 예수 그리스도를 영화롭게 할 수 있는 방법에 대해 생각하기 시작했다. 고린도후서 10장 5절에 있는, "하나님 아는 것을 대적하여 높아진 것을 다 무너뜨리고 모든 생각을 사로잡아 그리스도에게 복종하게 하니"라는 바울의 명령은 내게 특별한 의미로 다가왔고, 지금도 역시 그러하다.

물론, 그리스도의 주되심은 우리 지성을 뛰어 넘는다. 우리가 하는 모든 것(일상의 직업과 관심사들)이 주님께 속해 있다. 프랭크 개벌린이 우리의 지적 추구에 대해 말했던 것은 보다 넓게 확장될 수 있다. 만일 우리가 진정으로 예수님을 주님으로 인정한다면, 우리 삶의 모든 부분(노동, 기도, 사랑, 우정, 금전)이 "신앙으로 주입될" 것이다.

세 번째 단계는 예수 그리스도의 **왕권**에 대한 재인식이었다. 이것은 내가 대학원을 다니는 동안에 일어났다. 나는 사회적 행동주의에 심취해 있었지만, 이를 기독교적인 용어로 다룰 때에는 항상 나의 복음주의적 성장배경이 나를 불편하게 했다. 당시 가장 큰 쟁점은 급진 정의론과 베트남 전쟁이었다. 나는 이러한 문제를 다룰 때 기독교인이라는 것이 무엇을 의미하는 지에 대해 알려고 힘썼다. 만일 당신이 나처럼 당시의 사회적 실천과 법이 불의하다고 확신했다면, 당신은 어떻게 행동했을까? 만일 당신의 국가가 특정한 전쟁에 잘못 가담했을 때, 당신은 어떻게 할 것인가?

나는 이에 대한 답을 찾는 중에, 신학적으로 잠시 자유주의 기독교의 사회 복음적 가르침과 로마 카톨릭의 사회 사상 사이에서 방황했다. 그러나 나는 재빨리 그들의 관점 중 어느 쪽도 영혼에 있어서든, 지성에 있어서든 나를 만족시킬 수 없다는 사실을 발견했다.

마침내 나는 앞에서 제기한 쟁점들을 다루는 데 있어 가장 강력한 방식으로 내게 다가왔던 칼빈주의를 발견했다. 성경이 하나님의 "왕국"에 대해 말할 때, 칼빈주의는 그것이 단지 시적인 것이 아니라는 사실을 알게 해 주었다. 예수님은 실질적인 권위를 가지신 실질적인 왕이시다. 그러나 예수님의 권위가 우리가 사는 세상의 가치나 우리를 지배하는 권위를 가진 정부와 마찰이 생길 때가 여러 번 있다. 이런 일이 발생할 때, 우리는 최종적인 판단에 있어 정말로 중요한 분이신 유일한 통치자에게 충성해야 한다. 내가 발견한 칼빈주의는 내게 예수님의 왕되심을 이해하는 데 도움을 주었을 뿐 아니라, 예수님의 왕되심을 그분의 구원자 되시고 주되심의 역할과 매우 잘 연결시켜 주었다.

우리의 일상이 추구하는 것들에 관심을 가지시는 예수님

언젠가 한 기독교 대학의 수련회에 참석하러 가는 중에 나를 공항까지 마중 나와서 수련회 장소로 데리고 가는 일을 맡은 학생과 이런저런 이야기를 나눈 적이 있다. 그는 운전을 하면서 그토록 고대했던 이 수련회에 참석하게 된 소감에 대해 이야기했다. "나는 몇 달 동안 그저 공부, 공부, 공부만 했어요." 이어서 그는, "난 주님의 일을 할 시간도 없이 오직 책과만 씨름하며 살았어요"라고 했다.

나는 그가 무슨 의도로 그런 말을 하는지 알아차렸기에, 그에게 내가 느낀 연민의 감정을 표현할 수 있었다. 학자, 선생, 학생의 삶은 아주 많은 것을 요구할 수 있다. 학사일정은 마감시한으로 가득 차 있다. 세 번의 시험이 끝나자마자, 당신은 2주라는 기간 동안 약

20페이지에 달하는 레포트를 염려해야 한다. 나는 학자적 삶을 사랑한다. 나는 또한 그 보다 더 많은 보상을 받는 일이 있는지 잘 모르겠다. 그러나 나는 또한 학생들에게 혹독하게 과제를 내는 선생이 있다는 것을 안다. 그 때 해야 하는 "공부, 공부, 공부"는 인간으로서는 하기 힘든 일일 수 있다.

하지만 이러한 나의 모든 동정심에도 불구하고, 나는 그 운전하던 학생과 같이 학문적 추구와 "주님의 일"을 확연히 구분하는 사람들에 대해 들을 때면 염려가 된다. 나는 아주 노골적으로 이에 대해 반대한다. 학문의 현장에서 우리가 관여하는 일들이 모두 **그 자체**로 "주님의 일들"이다. 만일 그 학생의 불만을 보다 적합한 신학적 용어를 써서 다시 표현한다면, 이렇게 쓸 수 있을 것이다. "난 공부 말고 '다른 주님의 일'을 할 시간을 가지지 못한 채, 책과 씨름하며 살았어요."

학문적 삶만이 전부는 아니다. 하나님은 우리의 일상이 추구하는 모든 것들에 깊이 관심을 가지고 계신다. 즉, 일터, 우정과 가족 관계, 그리고 여가 활동 등에서 우리가 다루는 모든 것들이다. 시편 기자는 이를 다음과 같이 노래한다. "땅과 거기에 충만한 것과 세계와 그 가운데에 사는 자들은 다 여호와의 것이로다"(시 24:1).

내가 배운 것은 예수님은 나의 구원자일뿐 아니라 내 모든 생각의 주님이시며 내 모든 삶의 영역의 통치자이심을 인식하는 것이 중요하다는 것이다. 이에 있어 나의 주된 선생님은 19세기 네덜란드를 이끌었던 위대한 지도자들 중 한 사람이었다. 그가 표방한 칼빈주의는 나로 하여금 예수 그리스도의 완전한 권위를 영예롭게 하는 것이 의미하는 바가 무엇인지를 이해하는 데 있어 많은 수의 핵심 조각들을 적소에 배치하도록 도와 주었다.

  네덜란드의 선생님에게서 배운 몇몇 수업을 명확하게 하지 않고서는 칼빈주의의 전체 모습에 대해 더 풍부한 논의를 하긴 어렵다.

07

단 한 평도 남김없이

나는 카이퍼리안 칼빈주의자다. 이것은 내가 1837년에 네덜란드에서 태어나서 1920년에 사망한 아브라함 카이퍼에게 많은 빚을 지고 있다(칼빈주의의 보다 넓은 함의를 가르쳐주었다는 점에서)는 뜻이다.

카이퍼는 놀라울 정도로 많은 일을 한 사람이다. 그는 두 개의 신문사를 설립했고, 자신이 활동하던 기간 동안 정기적으로 칼럼을 썼다. 카이퍼는 얼마간 목사로서 섬기기도 했다. 또 그는 주요 정당을 설립하여 수년 간 네덜란드 하원을 이끌었고, 심지어 한 세기가 바뀌는 중요한 시기에 네덜란드의 수상이 되어 봉사하기까지 했다. 카이퍼는 암스테르담 자유대학을 설립하여, 그 곳에서 종종 신학을 가르쳤다. 그리고 그는 역사적인 화란 개혁파 교회에서 많은 수의 회중들을 이끌고 나와 새로운 교파(네덜란드에서 두 번째로 큰)을 만들기도 했다.

카이퍼는 신학과 사회사상에 관해 다양하고 폭 넓은 주제로 많은 학술 서적과 에세이를 발간했다. 1898년에 그는 미국을 방문해서 프린스턴 신학대학원의 그 유명한 스톤 강좌에서 강연을 했다. 이 강연은 아직도 책으로 출간되고 있고, 이 책은 카이퍼 사상의 탁월

한 개괄서로서의 역할을 하고 있다.[42] 그는 특별히 오늘날까지 복음주의 학자들 사이에서, 매우 중요한 영향력을 끼치는 사람이다.[43]

"소시민"과의 만남

아브라함 카이퍼는 언제나 그가 "소시민"이라고 불렀던, 즉 제대로 교육을 받지는 못했지만 그리스도의 왕국에 깊이 헌신하는 평범한 그리스도인들과 접촉하기 위한 접점을 마련했다. 비록 그는 매우 유명한 학자였지만, 사람들로 하여금 섬김의 모든 영역에서 하나님께 영광을 돌리는 삶을 살도록 감화시키는 칼빈주의를 진척시키고자 했다. 일반 대중들에 대한 카이퍼의 사랑은 매우 깊었다. 그것은 너무나 평범한 그리스도인이 자신에게 중요한 영적 교훈을 가르쳐 준 방식에 대한 감사에서 흘러나온 것이었다. 카이퍼는 레이덴(Leiden) 대학교에서 목회를 위해 공부했다. 그 당시 레이덴은 지적인 그리스도인들 가운데 유행하던 자유주의 신학에 함몰된 유명 교수들이 가르치고 있었다. 카이퍼는 여기서 자유주의 신학을 배웠고, 따라서 사역을 시작하는 시기에 칼빈주의적 정통주의에 대해 제대로 이해하지 못하고 있었다.

하지만 첫 번째 사역지에서 튤립 교리에 뿌리를 둔 선명한 복음적 신앙을 지닌 교인들과 만나게 되었다. 그들 가운데 핏야 발투스(Pietje Baltus)라는 방앗간 주인의 딸이 있었다. 핏야의 열렬한 칼빈주의적 신앙은 "가정교회"라는 형태의 공동체 양육이 빚어낸 산물이었다. 그녀는 카이퍼의 설교 내용 때문에 그의 예배를 거부했다. 카이퍼가 그녀를 만나러 갔을 때, 그녀는 카이퍼의 악수를 거절했다. 이는 카이퍼의 목회적 권위를 거부한다는 그녀의 확실한 의사표시였다.

당시 네덜란드의 문화에서 개혁 교회 목사는 중요한 존재로 큰 존경을 받고 있었기에, 그녀의 태도는 카이퍼의 화를 돋우기에 충분했다. 하지만 카이퍼는 매우 놀라긴 했으나 화를 내지는 않았다. 대신에 그는 그녀를 움직이는 그 확신에 대해 진정어린 호기심을 느끼게 되었다. 카이퍼는 핏야와 핏야 친구들(이 친구들도 교육을 별로 받지 못한 촌사람들이었다)과의 만남을 지속하며 그들의 간증을 듣고 여러 가지 질문을 했다. 그는 나중에 이 당시 겪은 일을 회상했다.

> 나는 그들에게 대항하지 못했다. 나는 아직도 내게 그런 선택을 하게 하신 하나님께 감사하고 있다. 그들의 완고한 저항은 내 마음에 축복이요, 내 삶에 떠오르는 샛별이었다. 그들은 단순한 언어로 내게, 내 영혼이 안식을 발견할 수 있는 절대적인 확신을(그분의 선하신 기쁨에 따라 행동 뿐 아니라 의지로써 모든 사물을 움직이시는 하나님에 대한 경배와 찬양)을 가지게 했다.[44]

이 경험은 카이퍼를 복음주의 신앙으로 인도했고, 나아가 전통적인 칼빈주의 신학에 열정적으로 헌신하도록 했다. 그러나 그는 그 이후에도 하나님과의 지극히 개인적인 교제에 대한 필요성을 크게 강조했다. 실제로 그가 가장 좋아하는 성경구절 가운데 하나가 시편 73편 28절이다. "하나님께 가까이함이 내게 복이라 내가 주 여호와를 나의 피난처로 삼아 주의 모든 행적을 전파하리이다." 그는 이 구절 중에서 "하나님께 가까이"라는 말을 제목으로 따서 묵상집을 내기도 했는데, 이 책은 공직생활을 바쁘게 수행하던 시절에 쓴 것이었다.[45] 이 묵상집에서 카이퍼는 활동적인 삶에 대한 요구로부터 벗어나 신자 개인을 위한 시간이 필요하다는 사실과, 영혼과 영혼의 제작자만이 자리할 수 있는 매우 사적이고 신성한 공간으로 들어가 묵상의 시간을 갖는 것이 필요하다는 점을 직접적으로 강조했다.

이전투구하는 세상에서 하나님 앞에 선다는 것

아브라함 카이퍼는 공적인 삶에서도 우리가 여전히 하나님의 현존 가운데 존재한다는 사실을 매우 중요시했다. 그가 가장 좋아하는 라틴어 금언 가운데 하나가 바로 "하나님 앞에서", 또는 "하나님의 면전 앞에 선 존재"라는 뜻을 내포하고 있는 **코람데오**(*coram deo*)라는 말이다. 카이퍼는 우리 삶의 모든 영역 가운데서, 코람데오로 살아야 한다고 주장했다. 구세주의 사랑에 대한 깊이 있는 사적 경험을 높이 평가하면서 동시에 그는 피조세계의 모든 영역에서 예수 그리스도의 주권이 크게 강조되어야 한다고 역설했다. 카이퍼의 추종자들은 그가 자유대학교 교수취임 강연에서 발표했던 선언문 가운데 다음 한 대목을 언급하길 좋아한다. "예수 그리스도께서 창조 세계 전체에 대해 '이것은 내 것이다!' 라고 외치지 않으신 영역은 단 한 평도 없다."[46]

  코람데오의 실천적 의미는 언젠가 내 친구를 통해 내 마음 깊이 새겨진 적이 있다. 그 친구는 자신의 소명을 이해하는 데 있어 카이퍼가 핵심적인 영향을 미친 인물이라고 말하는 보험 설계사였다. 그는 지역 TV 방송프로그램에 출현한 적이 있는데, 그 프로그램은 몇몇 비즈니스맨들이 출현하여 그리스도인의 일상 속에서 자신의 믿음에 영향을 끼치는 것이 어떤 것인지를 토크쇼 형식으로 진행하는 프로그램이었다. 출연진 가운데 어떤 이는 매주 약속이 없는 한 시간을 정해서 자기 비서와 함께 그 시간을 보내는 방법에 대해 이야기했다. "한 시간 동안, 나는 이전투구(dog-eat-dog) 하는 세상을 벗어나서 사무실 문을 닫고 주님과 단 둘이 성경 말씀을 통해 교제하는 시간을 가집니다." 다음 순서로 내 친구는 이렇게 말했다. "나도 그런 시간을 가집니다." 그리고 나서 내 친구는 이렇게 말했다. "하지만 나는 또한 이전투구가 벌어지는 세상 속에서 어떻게 주님과 함께해야 하는 지에 대해 많이 생각합니다!" 그는 최근에 보험의 필요성을 느끼고 자기 사무실을 방문한 젊은 부부를 만난 이야기를 하기 시작했다. "그 부부는 제 사무실에서 그들의 삶 가운데 매우 중요한 몇가지 문제들을 다루게 될 것입니다. 안전하다는 것은 무엇을 의미하는지, 그들이 바라는 가족의 미래에 대한 계획을 세울 때 그들의 우선순위는 무엇이 되어야 하는지, 이렇게 그들을 위해 보험증권을 쓰고 있을 때, 주님께서 내 어깨 위에서 지켜보고 있는 것 같은 느낌을 받았습니다!" 코람 데오! 카이퍼가 매우 기뻐했을 것이다.

세계관과 변혁

아브라함 카이퍼는 특별히 기독교인의 세계관, 그의 표현대로라면 "인생과 세계에 대한 조망"(world and life view)에 대해서 많은 이야기를 했다. 그에게 세계관은 삶의 모든 영역이 하나님의 통치 아래에 있다고 보는 것을 의미한다. 가정생활, 예술활동, 사업, 교육, 정치, 그리고 그 외 다른 모든 영역에 이르기까지, 우리는 하나님께서 원하시는 기독교적 방침이 어떤 것인지에 대해 생각해야 한다.

이러한 문제에 대한 카이퍼의 사유의 핵심은 하나님께서 창조 세계 전체를 돌보신다는 그의 확신이었다. 하나님께서 인간을 창조하셨을 때, 그분은 그를 에덴동산에 살게 하셨고, 그에게 창조의 안식처를 "다스리라"고 명령하셨다(창 1:28). 따라서 우리 인간은 하나님이 지으신 세상을 돌보는 자로 부름 받은 것이다. 카이퍼를 따르는 학자들은, 하나님께 순종하는 방식으로 창조세계를 돌보고 그것을 경작해야 하는 이러한 의무를 **문화명령**이라고 부른다. 여기서 "문화"라는 말은 단지 오페라나 훌륭한 문학작품을 감상하는 것 등을 말하는 게 아니다. 하나님이 아담과 하와에게 하신 "다스리라"는 명령은 "땅을 충만케 하라"고 말씀하신 바로 다음에 나온다. 이 말씀은 그들에게 아이를 많이 낳으라고 하신 게 아니다. 그것은 그 앞에 나오는 "생육하고 번성하라"는 명령에 해당한다(다시 창 1:28을 보라). 땅을 "충만하게" 해야 하는 것들은 인간 문화의 일반적인 산물들과 양식들이었다. 언어, 분류체계(labeling systems), 도구, 계획, 예술작품, 가족활동 등이 그것이다. 이 모든 것들이 하나님께 영광을 돌리도록 되어 있었다.

우리 처음의 조상은 그들 스스로 신이 되어야 한다는 악마의 속삭임을 듣고서 하나님을 거역했다(창 3장). 그들은 자신의 규칙들을 기록하고, 모든 문화활동을 자신에게 영광 돌리는 방식으로 수행하기로 결정했다. 이것이 비극의 출발점이 되었다. 그들의 언어는 신성모독에 사용되었다. 그들의 도구는 살인에 사용되고(창세기 4장의 가인과 아벨의 사건), 하늘에 닿는 탑을 세우기 위한 것으로 사용되었다(창세기 11장에 나오는 바벨탑 기획). 그들의 예술적 기술들은 우상을 만드는데 사용되었다. 그리고 이런 상황은 점점 그 정도를 더해갔다.

하지만 하나님은 원래 의도된 인간의 삶이 무엇인지를 보여주시기 위해 구속받은 한 백성을 부르셨다. 그리고 마침내 그분은 개인들을 구원하시고 나아가 모든 창조세계를 되찾기 위해 예수님을 보내셨다.

그러므로 예수님의 대속사역을 통해 구속받은 백성들은 곧 문화를 변혁시키는 사역에 부름을 받은 것이다. 지금 바로 여기서 세상/우주에 대한 하나님의 본래의 창조 목적을 영화롭게 할 수 있는 일을 하기 위해서 말이다. 물론, 카이퍼는 우리가 세상을 완벽하게 "그리스도화"하는 데 성공할 수 없다는 것을 잘 알고 있었다. 최종 변혁은 오직 예수님께서 "내가 만물을 새롭게 하노라!"고 말씀하실 때에야 비로소 이루어질 것이다(계 21:5).

긍정적 의미의 "세상"

나는 최근에 우리의 공적 삶 가운데서 복음의 근거를 제시할 수 있는 방법에 관해 한 기독교 지도자 그룹과 논의를 벌인 적이 있다. 나는 성경의 저자들이 "세상"이라는 말을 세 가지 방식으로 말하고 있다는 데서부터 이야기를 시작했다. 먼저 우리에게 제일 잘 알려져 있는 세상의 의미는 부정적인 것이다. 즉, "세상"을 **현재의 죄된 삶의 방식**으로 이해하는 것이다. 예수님은 십자가의 길을 가시기 전에 제자들을 위해서 이렇게 기도했다. "세상이 그들을 미워하였사오니 이는 내가 세상에 속하지 아니함 같이 그들도 세상에 속하지 아니함으로 인함이니이다"(요 17:14). 또한 사도 요한 역시 독자들에게 이렇게 경고했다. "이 세상이나 세상에 있는 것들을 사랑하지 말라 누구든지 세상을 사랑하면 아버지의 사랑이 그 안에 있지 아니하니"(요일 2:15). 이 구절들은 확실히 "세상"을 부정적인 것으로 묘사한다.

그러나 때때로 "세상"은 단순히 **모든 거주지역**, 즉 지리적인 범위를 가리키는 중립적 의미로 사용된다. 한 예로, 예수님이 "이 천국 복음이 모든 민족에게 증언되기 위하여 온 세상에 전파되리니" (마 24:14)라고 하신 말씀에서 "세상"은 중립적이고 지리적인 의미를 가진다.

세 번째 의미는 긍정적인 것이다. 사도 요한이 예수님께서 니고데모에게 하셨던 말씀을 기록했을 때, 그는 **모든 창조 질서**를 의미하는 헬라어 "코스모스"(kosmos, 이것을 "세상"으로 번역한 것이다)라는 단어를 사용했다.

> 하나님이 세상을 이처럼 사랑하사 독생자를 주셨으니 이는 그를 믿는 자마다 멸망하지 않고 영생을 얻게 하려 하심이라. 하나님이 그 아들을 세상에 보내신 것은 세상을 심판하려 하심이 아니요 그로 말미암아 세상이 구원을 받게 하려 하심이라.
>
> 요 3:16-17

나는, 여기서의 세상은 하나님께서 사랑하시며, 그분의 원래 창조 목적을 회복하시기를 원하시는 세상이라고 설명했다.

몇몇 사람들은 내 이야기가 끝난 다음 내게 다가와서 이러한 "세상"의 긍정적 의미에 대해 이전까지 전혀 들어본 적이 없다고 말했다. 흥미로운 것은 그 사람들이 새신자들이 아니었다는 점이다. 내게 그렇게 이야기했던 사람들은 그리스도인의 대의를 위해 중요한 일을 하던 존경받는 지도자들이었다. 그러나 그들은 내게 주님을 섬기는 것이 매우 힘겨웠다고 고백했다. 그들은 중요한 일을 하고 있다고는 생각했지만, 그것이 **왜** 중요한 지에 대해서는 확신할 수가 없었다. 나는 이 사람들이 훌륭한 카이퍼리안적 본능을 가지고 일해 온 것으로 안다. 그들은 하나님께서, 매일 시간을 보내는 삶의 현장에서 그분을 섬기기를 원하신다는 것을 진심으로 잘 알고 있었다. 그러나 그들이 기독교 삶에 대해 그들의 교회나 그 외 다른 곳에서 듣게 되는 신학은, 그들이 마음으로부터 경험하는 소명감을 이애하는데 도움이 되지 않았다.

카이퍼가 가장 좋아하는 표현 가운데 하나가 "인생과 세계에 대한 조망"이다. 그는 그리스도인들이, 우리가 살고 있는 이 세계가 하나님께서 창조하신 실재라는 것을 이해하기를 소망했고, 나아가 이러한 이해방식이 사람들의 일상을 변화시키게 되기를 소망했다. 이것이 바로 나와 이야기했던 사람들이 간절히 기대하던 바였다. 즉 그들이 기독교 제자로서 살며 일하는 모든 영역 (그야말로 단 한 평도 남김 없이)에서 주님을 섬기는 관점이었다. 이것이 바로 우리가 더욱 필요로 하는 "세상적인" 기독교다!

온유와 인내

어떤 사람들은 내가 칼빈주의에 대해 말할 때면, 마치 내가 "프로작(Prozac, 만병통치약, 상표명)으로서의 아브라함 카이퍼"나된 것처럼 보인다고 말했다.⁴⁷⁾ 나는 이런 말을 하는 사람들의 의도를 확실하게 알지는 못한다. 그럼에도 나는 그말을 일종의 찬사로 받아들이고 싶다. 카이퍼는 매우 영향력 있는 공적인 지도자였다. 그는 칼빈주의가 네덜란드에서 여전히 매우 큰 사회적 영향력을 행사하던 시대에 살았다. 카이퍼는 그러한 상황 속에서 승리주의자로서 한 시대를 풍미한 사람이었다. 카이퍼가 이 땅의 모든 영역에서 그리스도가 통치하신다고 말했을 때, 그는 그와 그의 추종자들이 합법적으로 그리스도의 이름을 들고 세상의 영역들로 나아가 그것들을 정복할 수 있다고 생각했을 것이라 가정하기 쉽다.

하지만 나는 이런 식의 생각을 좋아하지 않는다. 사실, 나는 칼빈주의자들이 이런 생각들을 좋아하는 **것조차도** 건전치 않은 것이라 생각한다. 모든 죄의 실재들에 대한 복음의 승리는 하나님의 선하신 때에 성취될 것이다. 그리스도가 다시 오실 때 진정으로 큰 변화가 일어날 것이다. 그 사이에 우리는, 많은 전투에서 승리하기 위해서나 모든 영역을 정복하기 위해서가 아니라, 하나님께서 우리에게 주신 기회들에 반응하면서 우리가 있는 곳에서 충성하도록 부름 받은 것이다.

중요한 것은 이 세계 전체가 하나님께 속했다는 확신을 가지고 사는 것이다. "비록 종종 잘못된 것이 너무 강해 보이더라도 / 하나님은 여전히 통치자시네"라는 찬송 가사처럼 말이다. 이것은 주권적 은혜로 구원받은 우리들이 모든 것에 대한 주님의 주권적 통치를 증거하는 증인이 되어야 한다는 것을 의미한다. 우리가 학교에 가거나 일을 하거나 놀 때나, 우리는 그 모든 것을 하나님의 영토에서 하고 있는 것이다. 이 땅의 모든 영역이 하나님께 속해 있다. 우리의 과업은 그 통치자를 인정하는 백성으로 사는 것이다. 하나님의 소유권을 어떻게 인식할 수 있느냐 하는 문제에 대한 답이 늘 명쾌할 수는 없다. 하지만 그러기 위한 최선의 방법이 무엇인지에 대한 질문은 늘 마음에 두어야 한다. 만일 이것이 "만병통치약으로서의 아브라함카이퍼"처럼 행동하는 것이라 한다면(더 부드럽고 더 인내심 있는 칼빈주의를 보여줌으로써), 그것은 맞는 말이다. 그러나 나는 이 말을, 그 자체로 부드러움과 인내이신 하나님을 기쁘게 하는 방향으로 사는 것이라 간주하기를 더 좋아한다.

08

관대한 선택

예전에 나는 일본인 학자 코슈케 코야마(Kosuke Koyama)의 재미있는 강의를 들은 적이 있다. 그는 참으로 충격적인 요점을 지적했다. 그는 말하기를, 우리의 신학이, "인색한 하나님"에 대한 개념인지 아니면 "관대한 하나님"에 대한 개념인지, 이 둘 중 어느 것에 기초하고 있는지를 결정해야 한다고 했다.

코야마 교수의 비판은 내게 많은 생각을 하게 했다. 칼빈주의는 때로 구원의 은혜를 다소 인색하게 베푸시는 하나님을 믿는 것으로 보이게 한다. 나는 이것을 최근 칼빈주의 사상에 대해 다소 강하게 비판하는 몇몇 저자들의 글을 읽을 때 확인했다. 나는 그들이 얼마나 칼빈주의의 하나님을 구원의 자비를 베푸는 데 있어 인색한 분으로 언급하는지를 보고 깜짝 놀랐다.

선택받은 소수?

데이브 헌트(Dave Hunt)의 최근 저작은 이 이야기에 대한 훌륭한 예를 제공해준다. 그의 책 제목은 칼빈주의 신학에 대한 그의 평가를 제대로 보여주고 있다. 『이것은 어떠한 사랑인가? 하나님에 대한 칼빈주의의 잘못된 표현』[48]에서 헌트는 선택에 대한 칼빈주의의 관점을 묘사하며 토론할 때, 거듭해서 "선택받은 소수"라는 표현을 사용한다.

몇 가지 예를 들어보자.

- 만일 유기된 죄인들이 하나님의 주권적인 중생의 행위로만 구원받을 수 있는, 그런 무능력으로 고통을 겪는다면 (모든 사람이 구원받는 것은 아니다), 그것은 하나님이 그분의 자비와 은혜를 **선택받은 소수**에게만 제한하는 것이 된다.
- 어찌하여 성령은 성경을 통해 하나님은 모든 사람이 회개하기를 원하신다고 하면서, 동시에 그분은 회개의 필수 수단을 단지 선택받은 소수에게만 허락하신다는 인상을 주고 있는가?
- 왜 하나님의 무한한 자비는 선택받은 소수에게만 제한되어야 하는가?
- 슬프게도 선택받은 소수만이 구원에 이른다는 주장은 "모든 사람에게 기쁨을 주는 복음"이 아니다.

칼빈주의자의 하나님을 "선택받은 소수"만을 좋아하는 분으로 묘사한 점에서, 헌트가 많은 칼빈주의자들의 관점을 정확히 표현하고 있음은 의심의 여지가 없다. 선택의 개념은 종종 남은 자, 신실한 소수에 대한 믿음과 결합한다(이는 하나님이 구원의 자비를 대다수 인류가 아니라 소수에게만 베풀 따름이라는 생각과 연결되어 있다. 이러한 관점은 종종 명예의 상징처럼 여겨지곤 한다). 마치 칼빈주의자들은 하나님께서 전 인류 가운데 유독 자기들을 선택한 사실에 자부심을 가지는 것이 당연한 권리라도 되는 것처럼 말이다.

그러나 이런 문제를 고려할 때, 우리는 적어도 논리적 측면에서 명확히 해야 한다. 내가 방금 인용한 데이브 헌트의 진술들 중에서 그가 분명한 인상을 주고 있는 것은, 칼빈주의자들은 사람이 "하나님의 갱생의 행위로만 구원받을 수 있다"고 믿기 때문에, 만일 우리가 칼빈주의자처럼 "모든 사람이 구원받는 것은 아니다"라고 믿는다면, 우리는 구원이 "선택받은 소수"에게만 제한되는 것으로 결론지을 **수밖에 없다**는 것이다. 그러나 당연히 대안이 있다. 비록 당신이 모든 사람이 구원받는 것은 아니라고 믿을지라도, 당신은 "선택받은 소수"보다 훨씬 **더 많은** 사람들이 오직 주권적인 은혜로 구원받게 될 것이라고 결론지을 수도 있다.

여기서 나는 보편구원론자가 아니라는 사실을 다시 한번 확실히 할 필요가 있다. 보편구원론은 종말에 모든 사람이 다 구원을 받는다고 믿는 사상이다. 나는 이러한 관점을 거부한다. 나는 종말에 심판이 있을 것이며, 그때 예수님을 통해 주어지는 하나님의 구원을 거부한 모든 이들은 큰 문제에 직면하게 될 것이라고 믿는다. 성경은 하나님의 구속의 목적에 고집스럽게 반대하는 자들은 영원한 왕국에 거할 곳이 없을 것이라고 아주 확실하게 말하고 있는 것처럼 보인다.

그럼에도 불구하고 동시에 나는 나이가 들면서 '구원 안에 있는 자/구원 바깥에 있는 자'라는 식으로 분명한 선을 그어서 이 둘을 구분 짓는 것이 너무나 힘든 일이라는 것을 알게 되었다. 이런 생각 역시 성경에 근거한 것이다. 하나님만이 종말의 때에 사람들의 마음을 판단하실 것이다. 그는 신비로운 방법으로 일하신다. 하나님의 주권을 강하게 믿는 사람은 누구든지 이 주제에 대해 많은 신비들을 가지고 살아가게 될 것이다.

성경의 "숫자게임"

나는 성경의 몇몇 구절들은 하나님의 인색하심에 대해 말하는 것처럼 보임을 인정한다. 그러나 이 구절들 중 어떤 것도 성경의 '숫자게임'을 제대로 이해하고 있지는 못하다. 사실 "선택받은 소수" 개념을 지지하는, 칼빈주의자들이 인용하는 몇몇 성경 구절들은 종말에 얼마나 많은 사람이 구원받을 것인가라는 질문에 직접적으로 적용되지 않는다. 예를 들어, 칼빈주의자들은 예수님이 나사렛의 자기 집에서 사람들에게 하셨던 말씀을 인용하면서, 종종 매우 선택적인 하나님의 은혜라는 개념을 고수했다.

> 내가 참으로 너희에게 이르노니 엘리야 시대에 하늘이 삼 년 육 개월 간 닫히어 온 땅에 큰 흉년이 들었을 때에 이스라엘에 많은 과부가 있었으되 엘리야가 그 중 한 사람에게도 보내심을 받지 않고 오직 시돈

> 땅에 있는 사렙다의 한 과부에게 뿐이었으며 또 선지자 엘리사 때에 이스라엘에 많은 나병환자가 있었으되 그 중의 한 사람도 깨끗함을 얻지 못하고 오직 수리아 사람 나아만 뿐이었느니라
>
> 눅 4:25-27

이 구절은 확실히 일종의 선택에 대한 개념을 강화시킨다. 그렇지만 **구원받게** 될 사람에게 있어서는, 선택이 필수적인 것은 아니다. 예수님이 자기 고향에 돌아오셨을 때, 고향 사람들은 예수님에게 다른 도시 사람들에게 보여주었던 그 능력이 무엇인지를 설명해보라고 다그쳤다. 그들은 예수님을 요셉이라는 사람의 아들로 알고 있었기 때문에, 소문으로만 들은 그 능력에 대해 어떤 특별한 증거를 직접 보고자 했던 것이다. 이러한 반응에 대해 예수님은 선지자들의 예를 들면서, 그들은 이스라엘 사람들에게 기적을 일으킬 만한 기회를 많이 가졌음에도 불구하고, 그렇게 하지 않고 대신 하나님에 의해 다른 지역들에 있는 한 개인들에게로 보냄을 받았던 사람들이라는 사실을 지적하셨다. 사실 예수님은, 내게 어떤 특별한 것을 기대하지 말라. 왜냐하면 나는 '너희 가운데서 자란 사람이기 때문이다'라고 말씀하신 것이었다.

다른 사람들은 예수님께서 그의 제자들에게 말씀하신 다음 구절을 중요시했다. "적은 무리여 무서워 말라 너희 아버지께서 그 나라를 너희에게 주시기를 기뻐하시느니라"(눅 12:32). 이것은 분명히 하나님 나라의 축복이 단지 매우 적은 무리에게만 의미가 있음

을 암시한다고 그들은 주장한다. 그러나 사실 여기서 예수님은 문자 그대로 **매우** 작은 집단, 즉 그분이 중요한 임무를 맡겨 파송했던 특별히 선택된 제자단에게 이야기하고 있는 것이다. 그분이 전도단에게 요구한 것은 "너희 소유를 팔아 구제하여(가난한 자에게 주어)"였다(눅 12:33). 예수님은 이 전도단이 추종자들을 더 끌어 모으기를 기대하신 것이 아니었다. 즉 본래의 "적은 무리"에다가 새 단원을 모집해서 그 수를 더하려는 것이 아니었다.

소수를 말하는 한 구절이 또 있다. 그것은 마태복음 7:13-14이다. 여기서 예수님은, 넓은 길은 파멸로 인도하는 길이고 좁은 길은 생명으로 인도하는 길이라고 말씀하셨다. 그 길은 "찾는 자가 적다." 하지만 종종 지적되듯이,[49] 이것은 바로 몇 구절 앞에서 예수님이 "구하는 이마다 받을 것이요 찾는 이는 찾아낼 것이요 두드리는 이에게는 열릴 것이니라"(마 7:8)라고 하신 포용력있는 약속 바로 다음에 오는 구절이다.

성경에는 하나님의 나라에 "들어가기"의 어려움을 강조한 것과 하나님의 구원의 목적이 우리가 구축한 범주에 제한되지 않음을 강조한 것 사이에 실제로 *긴장*이 존재한다. 어떤 사람이 예수님께 단도직입적으로 이렇게 물었을 때, "주여 단지 소수의 사람만 구원받습니까?" 예수님은 숫자와 관계되는 답을 주시지 않았다. 대신 그분은 이렇게 명령하셨다. "좁은 문으로 들어가기를 힘쓰라"(눅 13:23-24). 아울러 사도 요한이 경험했던 천국 백성들에 대한 놀라운 환상은, 마지막 날에 그 좁은 문으로 통하는 길을 찾아 온 사람들이 아주 많을 것이라는 기대감을 불러일으키게 만든다.

> 이 일 후에 내가 보니 각 나라와 족속과 백성과 방언에서 아무도 능히 셀 수 없는 큰 무리가 나와 흰 옷을 입고 손에 종려 가지를 들고 보좌 앞과 어린 양 앞에 서서 큰 소리로 외쳐 이르되
> "구원하심이
> 보좌에 앉으신
> 우리 하나님과 어린 양에게 있도다"
> 계 7:9-10

관대함을 소망하며

나는 "숫자게임"에 대한 신학적 논쟁들을 어떻게 해결할 수 있는지 잘 모르겠다. 만일 어떤 칼빈주의자들이 모든 인류 중에 단지 극소수의 사람들만이 천국에 이른다고 주장하고 싶어할 때, 그들을 설득시킬만한 방법이 무엇인지도 잘 모르겠다. 하지만 나는 하나님께서 관대하신 분이신 것만큼은 단호하게 말할 수 있다. 이 소망은 내게 있어 매우 특별한 사건들과 관련이 있다.

나는 아주 나이가 많은 유대인 랍비 친구 한 명이 있다. 그는 종종 내가 쓴 글에 대해서 우정 어린 답장을 보내주곤 했다. 그는 자주 나의 사역에 하나님의 은총이 있기를 기도한다고 이야기해주었다. 나는 이 랍비의 최후가 어떨지에 대해 영적으로 직감한다. 만약

그가 창조주와 대면하는 마지막 시간에 이르러 비로소 예수님의 얼굴을 보게 된다면, 그 랍비는 그분께 경배를 드리면서 예수님은 처음부터 이스라엘에게 약속된 주님이셨다는 사실을 인정할 것이다. **그러면** 구세주는 그를 영원한 나라로 환영해주실 것이다.

또 한 가지 일화가 있다. 나는 아버지에게 강간을 당한 한 여성을 알고 있다. 그녀의 아버지는 기독교 공동체 내에서 "성자"와 같이 존경을 받는 사람이었다. 그런 아버지로부터 강간을 당했다는 사실이 너무 충격적이어서, 그녀는 오랫동안 기독교 공동체에 대해 심리적인 공감을 가질 수가 없었다. 몇 해 전부터 그녀는 자신이 알콜 중독임을 인정하고 알콜 중독자 모임에 참여하게 되었다. 그녀는 알콜 중독자들의 모임에서 주기도문을 외는 것을 보고, 자신은 그렇게 할 수 없었다고 말했다. 하지만 지금은 주기도문을 외운다고 했다. 그러나, 그녀는 재빨리 덧붙이기를, 그것은 단지 자신을 그 그룹과 동일시하기 위한 수단일 뿐이라고 했다. 그렇지만 나는 그녀에게 일어난 일을 생각해 보면서, 일종의 회심 사건과 같은 어떤 깊은 변화가 그녀에게 일어났음을 감지했다. 그래서 나는 궁금하다. 비록 현재는 그녀가 자신의 경험을 신학 용어로 정확하게 표현하는 것이 심리적으로 불가능할지라도, 그녀가 자기 존재의 어떤 차원에서, "더 높은 능력"에 자신의 의지를 굴복시키는 바로 그 과정 속에서, 하나님께서 주시는 예수 그리스도를 통한 구원을 받아들이는 상태에 이르게 되는 것이 가능하지 않을까?

물론 가능하다. 하지만 나는 그녀나 앞에서 말한 랍비가 진정으로 그렇게 되리라고는 확신하지 못한다. 물론 그렇게 해서도 안 된다. 나는 사람들이 그들의 믿는 바에 대해 말하는 것을 매우 진지하게 받아들이고 싶기 때문이다. 알콜 중독자 모임에 속한 그 여인은 자신이 그리스도인은 아니라고 말한다. 또한 그 랍비 역시 무척이나 경건한 유대인이다. 그들 중 누구도 자신의 허락 없이는 기독교인으로 불리기를 원치 않는다. 더욱이 나는, 성경을 심각하게 받아들이는 그리스도인으로서, 그들이 실제로 예수님의 이름을 부르고(롬10:13), 예수님만이 자기들을 죄에서 구원하실 수 있는 분임을 고백하길 원한다. 하지만 다른 한편으로 나는 그러한 사람들을 향한 하나님의 관대함을 직감하며 살고 있다.

과거로부터 발견하는 격려

내가 이런 직감을 가진다고 해서 칼빈주의를 배신하는 것이라고 생각하지는 않는다. 실제로 나는 칼빈주의의 과거사를 되짚는 과정에서 이 문제와 관련해 많은 격려를 받을 수 있었다. 아울러 그런 격려를 주는 사람들은 칼빈주의 역사의 중심에 있었던 사람들이었다. 19세기의 프린스턴 신학교는 정통 칼빈주의의 든든한 보루였다. "구 프린스턴"에서 가르치던 신학자들은 "순수한" 칼빈주의의 규범들 가운데서도 특별히 17세기 웨스트민스터 신앙고백서를 주로 옹호하는 사람들이었다. 그래서 나는 이들 프린스턴 사상가들과 웨스트민스터 신앙고백서에서 몇 마디의 격려를 발견했을 때, 내가 칼빈주의의 방향에서 이탈하지 않았다는 확신을 갖게 되었다.

먼저 구 프린스턴에게서 발견한 격려의 말은 이렇다. 이것은 자신의 아버지인 위대한 찰스 핫지(Charles Hodge)의 뒤를 이어 신학교수직을 계승한 A. A. 핫지(A. A. Hodge)에게서 온 것이다.

> 천국이 거룩한 자들만 들어갈 수 있는 곳이기는 하지만, 천국은 인간의 구원을 위한 무한한 하나님의 예비하심이요 거기에는 죄인들을 향한 강한 사랑이 나타나는 곳이기에, 우리는 구원받은 사람들의 수가 구원을 받지 못한 사람들보다 비교할 수 없을 정도로 많을 것이라고 확신한다. 칼빈주의를 옹호하기 위해 일생을 보낸 내 아버지(찰스 핫지)는 생을 마감하기 직전 잠시 동안 떨리는 손으로 논문을 한 편 쓰셨다. 거기에는 이런 말이 적혀 있다 "나는 우리 주님의 구원의 영광과 행복에 엄청나게 많은 인류가 참여할 것이라고 진정으로 확신하는 바이다." 완전한 도덕적 대리인 앞에서 죽은 모든 사람들이 그리스도께 주어졌다는 사실을 기억하라. 다가올 새천년에 속한 많은 인류들도 그리스도께 주어졌다는 사실을 기억하라. 그 때 위대한 "믿음의 조상"에게 하신 그리스도의 약속은 글자 그대로 성취될 것이다. "네 씨가 바닷가의 모래와 같을 것이다."[50]

이 진술에 암시되어 있는 신학적 힌트들을 탐구해보는 것은 확실히 흥미로운 일이 될 것이다. 하지만 이러한 기술적 문제와는 별개로, 핫지의 진술에는 포용력 있는 정신이 작용하고 있음은 확실하다. 곧 하나님의 관대하심에 대한 신뢰이다.

두 번째 격려의 말은 포용력 있는 정신으로 알려지지 않은 한 문서에서 나온다. 사실 나는 "유효한 부르심"(즉, 하나님이 누군가 구원하시려 할 때에 실패의 가능성이란 전혀 없다고 하는 칼빈주의자의 개념)에 관한 웨스트민스터 신앙고백서의 간략한 논의를 지나치는 중에 격려를 받게 되었다. 고백서는 하나님께서 "그의 말씀과 성령"으로 영생으로 예정된 사람들을 죄악의 상태에서 불러내어 복음에 대해 의식적인 깨달음을 얻게 하신다고 주장하면서, 즉시 이 유형에 한 가지 예외를 소개한다. "유아기에 죽은 택함을 받은 유아들은(그래서 복음의 요청에 대한 의식적인 깨달음에 이르지 못했음에도 불구하고) 성령으로 말미암아 그리스도에 의해 중생하고 구원받는다."51)

이 말에는 하나님의 관대하심이라는 정신을 거의 찾아볼 수 없다. 대다수의 기독교인들은 유아기에 죽은 사람들은 모두 무조건 구원을 얻는다고 말할 것이다. 하지만 웨스트민스터 신앙고백서를 작성한 사람들은 그런 식의 진술을 거부하고, 관대함의 범위를 "택함 받은 유아"로 한정한다. 그런데 여기에 덧붙여진 다음 진술이 큰 흥미를 유발시킨다. 택함 받은 유아는 "그가 기뻐하시는 때와 장소와 방법에 따라 역사하시는 성령으로 말미암아 그리스도에 의해 중생하고 구원받는다." 뿐만 아니라 "말씀의 사역에 의한 외적 부르심을 받을 수 없는 다른 택함 받은 사람들도 마찬가지다."

비록 "말씀의 사역에 의한 외적 부르심을 받을 수 없"지만, 그럼에도 택함 받은 자들 가운데 포함된 유아가 아닌 이 사람들은 누구인가? 이에 대해서는 아무런 설명도 없다. 그러나 비록 복음이 선포되는 것을 들을 수 없는 상태에 놓여있다 하더라도, 어떤 사람들은 하나님에 의해 영생을 얻기로 선택된다는 가능성을 이 고백은 가르쳐주고 있다.

이것은 분명 복음이 전파되지 않은 지역에 사는 사람들에게 적용되는 것이다. 그러나 이것을 좀 더 확장해서 나의 랍비 친구와 같은 사람들에게도 적용할 수 있다고 생각한다. 왜냐하면 내 친구와 같은 유대인들은 유대인에 대한 그리스도인의 박해라는 수치스런 역사를 알고 있기에 그리스도의 참된 인격에 대해 보다 분명한 초점을 맞추지 못할 수도 있기 때문이다. 또한 기독교 공동체로부터 상처를 받았지만 다른 공동체(그녀를 격려하여 "높으신 능력"에 자신의 삶을 내어놓도록 하고, 또 그럼으로써 주기도문으로 기도를 하게 된)에서 치유를 발견한 그 젊은 여성의 경우도 마찬가지일 것이다.

물론 이 모든 것이 확실한 것은 아니다. 하지만 내게는 어떤 직감과 소망, 그리고 과거 엄격한 칼빈주의자들에게서 전해지는 몇 가지 격려의 말들이 있다. 또한 이러한 문제를 생각할 때마다 중요하게 다가오는 근본적인 칼빈주의적 확신이 있다. 예를 들어, 하나님은 주권자이시고, 그의 길은 우리의 길과 같지 않다는 명확한 성경적 가르침이다.

그래서 여기서도 내가 할 수 있는 것은 바울이 로마서 11장에서 노래한 찬송을 부르는 것뿐이다. 하나님의 주권을 강조하는 신학 서적들에서 이 구절을 반복적으로 노래하고 인용하는 데에는 응당 그럴만한 이유가 있다.

> 깊도다 하나님의 지혜와 지식의 풍성함이여,
> 그의 판단은 헤아리지 못할 것이며
> 그의 길은 찾지 못할 것이로다
> "누가 주의 마음을 알았느냐?"
> "누가 그의 모사가 되었느냐?"
> "누가 주께 먼저 드려서 갚으심을 받겠느냐?"
> 이는 만물이 주에게서 나오고 주로 말미암고 주에게로 돌아감이라
> 그에게 영광이 세세에 있을지어다! 아멘.
>
> 롬 11:33-36

09

라스베가스의 슬픔과 희망

나는 라스베가스에서 방금 막 돌아왔다. 이 글도 라스베가스를 다녀온 다음 곧바로 쓰고 있는 것이다. 사실, 이번에 라스베가스를 다녀온 이유는 공항을 잠시 둘러보기 위해서였다. 그래서 강연회를 마치고 돌아오는 길에 라스베가스를 경유하고자 마음먹었던 것이다. 나는 라스베가스에 저녁 늦게 도착해 인근 호텔에서 하룻밤을 묵고, 영화 「하드코어」의 촬영지인 라스베가스 공항에서 아침나절을 보냈다.

나는 덴버 공항에서 라스베가스로 갔다. 덴버에서 공항 탑승구로 걸어갈 때, 나는 정통파 유대교 신자인 중년남성이 앉아있는 것을 보았다. 그의 옷차림새는 내가 평소에 생각했던 전형적인 유대인의 모습과 같았다. 검은색 정장에 오픈 칼라의 흰색 셔츠, 하얀 차양이 있는 검은 모자, 더부룩한 턱수염 등. 나는 종종 그런 사람을 상대로 인터뷰하는 것도 재미난 일일 것이라 생각했다. 내가 묻고자 했던 질문들은 이렇다. "당신은 당신네 유대인들과는 다른 세계관을 가진 사람들을 어떻게 보십니까? 모든 사람들이 같은 옷을 입는 당신이 속한 그 공동체를 떠나서 당신과는 전혀 다른 사람들이 사는 장소에 가게 되면 어떤 생각이 드나요? 당신은 마음 깊숙한 곳에서 여기 있는 다른 사람들처럼 될 수 있기를 바란 적이 있나요? 당신은 이러한 공항에 있으면, 당신의 종교적 정체성은 더 강해지나요, 아니면 약해지나요?"

라스베가스로 가면서 나는 이와 동일한 질문을 내 스스로에게 던져 보았다. 물론 내가 칼빈주의적 옷차림을 하고 있는 것은 아니다. 하지만 나는 그 유대교 신자가 입은 옷차림새와 같이, 어느 모로 봐도 이 공항과는 어울리지 않는 영적인 "제복"을 입고 있다. 제이크 반 도른은 라스베가스 공항에 앉아서 비교적 낯선 사람과 칼빈주의에 대해 이야기했다. 나는 그의 대화를 들으면서 당혹스러워했다고 고백했다. 그런 상황에서 그가, 자신이 믿는 바를 이야기하기 위해 "집"처럼 익숙한 상황에서나 자주 쓰는 그런 용어들을 사용해 튤립을 설명하는 것을 들었을 때, 솔직히 그것은 나를 싫증나게 했다. 이것은 제이크가 하나의 풍자화된 인물이었기 때문이 아니다. 나는 실제 삶에서 수많은 제이크가 있음을 안다. 무엇보다 **내 자신이** 그렇다.

그래서 나는 내 자신을 먼저 시험해보기로 했다. 나는 칼빈주의자의 "제복"을 입고 있다는 사실을 염두에 두면서 라스베가스 공항을 배회했다. 그리고 내가 보거나 듣고 싶어 하는 것이 무엇인지에 관한 일종의 영적 조사 (좀더 깊은 충동과 열망을 파악하려는 노력)를 하면서, 나는 다른 사람들을 주의 깊게 살펴보았다.

라스베가스에 대한 생각

실제로 이렇게 라스베가스에서 일어난 일들에 대한 영적 의미를 생각해보는 것이 처음 있는 일은 아니다. 몇 년 전 내가 대중문화에 대해서 쓴 짤막한 책에서, 나는 라스베가스에 대한 감상을 간략하게나마 기술했다.[52] 내가 그 글을 쓰게 된 것은, 특별히 자신의 미적 감각을 해친 몇몇 물건들에 대해 1인칭의 비방 기사를 쓴 것으로 자신의 라스베가스로의 주말여행을 정당화하려했던, 어떤 따분한 저널리스트가 작성한 신문기사를 읽고 난 다음이었다. 나는 그 주제에 관해 불과 몇 페이지만을 읽었을 뿐이지만, 그때 나는 라스베가스가 소위 교양있는 비평가들에 의해 비판받기 쉬운 대상이라는 사실을 알게 되었다. 어쨌든 나쁜 취향의 극단적인 예에 해당할 것 같은 이 도시에 관해 재미있는 신학적 용어를 사용해 표현하는 방법이 있을까?

확실한 것은 라스베가스가 내게 있어서는 신학적 비판을 던지기에 꽤 괜찮은 것으로 여겨진다는 것이다. 실제로 이 도시는 다양한 범위의 신학자들에게서 경멸의 눈총을 받고 있는 것 같다. 기독교 보수주의자들은 도박, 술, 성적인 문란함 때문에 라스베가스를 싫어한다. 반면 자유주의자들은 라스베가스의 탐욕, 나쁜 취향, 그리고 성차별 때문에 싫어한다.

나는 그 비평 앞부분에서 저널리스트가 말했던 것, 즉 전에 듣기는 했지만 그때 처음으로 그것의 신학적 의미가 나를 강타한 것에 특별한 흥미를 느꼈다. 그 보도기사는 당신이 일단 라스베가스 호텔 카지노에 들어가기만 하면, 당신은 모든 시간 감각을 잃어버리게 된다고 한다. 즉, 지금이 오후인지 한 밤중인지 분간이 안 된다는 것이다.

이런 그의 논평을 읽으면서, 나는 어렸을 때 불렀던 찬송가의 몇 소절이 문득 떠올랐다.

쇠함 없는 그 땅에

거룩한 성 있네

결코 소멸되지 않을 성

밤이 전혀 없네

이 찬송은 계시록에 묘사되어 있는 새 예루살렘의 모습을 주제로 한 것이다. 이것은 내게 신학적으로 꽤 흥미를 일으킨다. 사람들이 라스베가스에 대해 말하는 바가 성경이 "새 예루살렘"에 대해 말하는 바와 동일하기 때문이다. 그곳은 반짝이고, 부요하며, 절대 끝나지 않는 분주한 잔칫집과 같다(계 21, 22장을 참조하라).

내가 보기에 이런 비교는 놀라운 것이 아니다. 라스베가스는 매우 사악한 도시일 수 있지만, 그 사악함 속에는 의미심장한 영적 환경이 존재한다. 사람들은 라스베가스에 갈 때 평안과 만족을 갈구한다. 그곳은 약속을 상징하는 곳이다. 라스베가스가 지닌 심리적 가치는, 바로 그곳이 꿈을 만들어준다는 데 있다. 이것이 대중적이면서도 요란한 문화가 사람들이 추구하는 것에 있어 중요한 것들이 무엇인지 보여주는 사례다.

엿듣기

"결코 잠들지 않는 라스베가스"라는 테마는 아침에 호텔에서 나와 차를 타고 공항으로 향하는 중에도 다시 한번 그 말의 타당성이 증명되었다. 운전사는 나와 함께 탑승한 두 여성에게 인사를 했다. 이 두 사람은 여행을 마치고 필라델피아에 있는 자기 집으로 돌아가려고 공항으로 가는 밴에 탑승한 것이었다. 운전사는 "재미있게 노셨어요?"라고 물었다. 그들 중 하나가 "당연하죠"라고 대답했다. 다른 한 사람도 한 마디 거들었다. "4일 동안 한 숨도 못자고 생각할 겨를도 없이 놀았어요."

당시 나의 라스베가스 방문들은 여행 일정 중 잠시 머무는 곳에 불과했기에, 사실 그 때가 처음으로 내가 라스베가스 공항에 간 때였다. 내가 밤에 도착했을 때, 거기는 조용했다. 그러나 아침에는 꽤 시끌벅적했다. 거기에는 많은 사람들이 모여서 한 줄로 순서를 기다리고 있었다. 그것은 어디에나 있는 슬롯머신을 당기려고 서 있는 줄이었다.

라스베가스는 영적으로 모순된 도시라는 내 생각은, 프릭클리 페어(Prickly Pear)라는 공항 식당 앞에 걸려 있는 두 개의 간판에 의해 더욱 확고해졌다. 그 중 하나에는 '아침식사 하루 종일 됩니다.'(ALL DAY BREAKFAST)라는 글씨가 크게 쓰여 있었다. 거기서 한 4피트 떨어진 곳에있던 드 번째 간판에는 작은 글씨로 '아침식사는 오전 10시 30분까지'(NOW SERVING BREAKFAST UNTIL 10:30 A. M.)라고 쓰여 있었다. 그때 시간이 9시 30분이었다. 난 얼른 그 식당에 들어가서 오믈렛 스페셜을 주문했다.

난 두 부부 사이에 앉아 식사를 했다. 식사를 하면서 그 두 커플이 각기 나눈 대화를 몰래 엿들었다. 한 부부는 자기 집 근처에 있는 회당 문제에 대해 이야기를 하고 있었다. 남편은 아내에게 회당 공의회의 평신도 지도자 엘리엇이 자기 회당 담당 랍비의 프로그램 결정권 행사 방식에 불만을 품고 있다고 말했다. 남편은 엘리엇 편을 들고 있었다. 그런데 아내는 그 권한은 랍비에게 모두 넘겨주어야 하는 게 옳다고 주장했다.

두 번째 부부는 아프리카 계통의 미국인들이었다. 대화를 들어보니 뉴욕에서 온 것처럼 보였다. 그들은 「뉴욕타임즈」를 읽으면서 블룸버그의 시장직 수행에 대해 평가하고 있었다. 남편은 시장을 별로 좋아하지 않는 것 같았고, 아내 역시 그런 남편의 생각에 동의했다.

두 부부의 대화가 모두 리더십 문제에 관한 것이었다. 그들의 이야기를 엿듣는 것은 재미난 일이었지만, 다른 공항에서는 들을 수 없는, 라스베가스 공항에서만 들을 수 있는 내용은 하나도 없었다. 그것은 어느 정도 생각해볼 만한 가치가 있었다. 아마 많은 사람들에게 라스베가스는 순간적인 기분 전환을 위한 곳일 게다. 차를 타고 가면서 만난 두 여성은 이제 집에 가서 잠을 자고 일상으로 돌아갈 것이다. 그리고 식당에서 본 두 부부 역시 우리가 매일 신경을 쏟고 있는 그런 일상 속으로 다시 돌아가야 할 것이다. 특별히 이들 두 부부의 경우에는 아마도 자기 지역의 지도자들이 역할을 좀 더 잘 수행해 주었으면 하는 바람을 가지고 살아갈 것이다.

두 할머니

그런데 한번은 비행기를 타고 가던 중, 라스베가스에 대해 다소 강한 느낌을 받은 적이 있었다. 그때 비행기의 2등석 통로에 있는 내 좌석 쪽으로, 젊은 신혼부부와 노인 한 분이 다가왔다. 그들은 한 가족이었는데, 좀 어눌한 억양의 영어로 자기 가족끼리 함께 앉을 수 있도록 자리를 바꿔줄 수 있겠냐고 물어왔다. 나는 이내 승낙을 했고, 그들은 내게 고맙다고 했다.

나는 비행기 여행을 즐긴다. 비행기 안에서 책을 읽거나 영화를 볼 수 있다는 것은 무척 감사한 일이다. 단, 비행기 여행을 하면서도 내가 별로 좋아하지 않는 행동이 있는데, 그것은 다른 승객과 대화하는 것이다. 하지만 이번만큼은 내 신학 연구를 계속해야겠다는 의무감이 들었다. 난 통로 건너편에 있는 그 세 명의 가족에게서 그런 기회를 제공받을 수 있게 되었다. 난 젊은 남자에게 라스베가스에서 얼마간 머물렀냐고 물어보았다. 그러자 그는 "아주 긴 주말을 보냈습니다"라고 대답했다. 내가 "좋은 시간 보내셨어요?"라고 묻자, 그 남자는 "어느 정도 그렇긴 했지만, 사실은 좀 우울하답니다. 우리 장모님이 도박을 했는데 돈을 좀 잃었거든요"라고 말했다.

그 남자의 장모되는 할머니는 정확하게 6천 달러를 잃었다고 좌석에 기댄 채로 말을 했다. "우리가 우울한 건 바로 그 때문이랍니다" 이윽고 그녀는 "하지만 우리는 다시 행복하게 될 겁니다"라고 말했다. 그러면서 그녀는 임신한 딸의 배를 살짝 두드리면서, "나는 조금 있으면 한 번 더 할머니가 되거든요!"라고 말해주었다. 옆에 있던 부부도 애교스럽게 웃었다.

나는 이 가족에게 어디서 여행을 온 것이냐고 물었다. 남자는 "우리는 로스엔젤레스에서 삽니다"라고 말했다. 그러면서 그는 "10년 전에 아제르바이잔에서 이민 왔어요"라고 말한 후 잠시 말을 멈추었다. 그리고 곧 말을 이었다. "그런데 여기가 훨씬 좋네요" 그는 다시 말을 잠깐 멈춘 다음에, "라스베가스에서 돈을 잃은 것만 빼면요"라고 말했다.

장모는 화제를 돌리기 위해 애를 쓰는 것처럼 보였다. 그녀는 내게 "**당신은** 어디에서 왔습니까?"라고 물었다. 나도 역시 로스엔젤레스 근방에서 왔다고 말해주었다. 그러자 그녀가 짧게 쏘아붙였다. "아니 그 **전에는!**" 그래서 난 뉴저지에서 태어났다고 말했다. 그러자 할머니는 다시 물어보았다. "아니 **그** 전에는요. 당신 할머니가 있었던 곳 말입니다. 그분은 어디서 오셨나요?"

나는 어렸을 때 돌아가신 친할머니에 대해서는 아는 바가 거의 없었다. 그래서 그나마 내가 기억하고 있는 외할머니에 대해서 말했다. 나는 그 아제르바이잔 할머니에게 우리 할머니는 네덜란드에서 왔노라고 말해주었다. 그녀는 웃으면서 자리에 앉았다. 만약 내가 대화를 좀 더 이어갈 수 있었다면, 우리 할머니가 네덜란드 시골에서 가져온 것이 무엇이었는지 대해 이야기할 수 있었을 것이다. 그것은 바로 칼빈주의다. 난 내 뿌리에 대해 물어본 그 할머니에게 칼빈주의자로서 지니고 있는 내 신념에 대해 설명하고 싶었던 것이다.

대충 어림잡아 외할머니가 태어난 네덜란드의 시골 마을은 라스베가스로부터 약 5천 4백마일 떨어져 있다. 할머니 가족이 뉴저지에 새 터전을 마련하기 위해 바다를 건너왔을 때, 그녀는 무려 5천 4백마일이라는 거리에 그녀의 지난 삶들을 모두 묻어 버렸다. 그러나 그녀의 가족은 그들과 함께 칼빈주의라는 것을 데려왔고, 그것은 성공적으로 여행해 왔다. 그리고 한 세기가 흐른 지금, 나는 그것을 가지고 라스베가스로 가고 있는 것이다.

나는 세월이 주는 변화 속에서도 외할머니가 지녔던 칼빈주의자의 관점이 아직도 그 내구력을 상실했다고 여기지 않는다. 확실히 칼빈주의는 지금 몇 가지 질문에 답을 제시해야 하고, 또 몇 가지 도전에 직면하면서 새로운 방식으로 자리매김해야 한다. 물론 나는 내가 칼빈주의를 좀더 친근하고 온유한 것으로 바꾸었다는 것을 안다. 하지만 이 새로운 변화 속에서도(심지어는 라스베가스 공항에서조차도) 칼빈주의는 이전과 마찬가지로 여전히 내게 시골 마을의 강인한 믿음의 상징으로 남아 있다.

위로의 해답을 기억하라

1626년 2월, 영국교회는 일련의 회의를 개최했는데, 이 때 칼빈주의와 알미니안주의자들 간의 불협화음이 일어났다. 영국 국교회의 대표들은 1618년과 1619년에 걸쳐 열린 도르트레히트의 종교회의(여기서 유명한 도르트 신경이 만들어졌다)에 참여했다. 영국 교회에서 칼빈주의적 관점이 공적인 견해로 자리 잡게 되기를 기대했던 영국 청교도들의 소망은 이 회의를 통해 더욱 강화되었다. 실제로 이 회의가 종반에 치닫자, 청교도들은 "도르트 신경이 영국 교회의 권위를 통해 제정되어야 한다"고 주장했다. 역사가 모건(Irvonwy Morgan)은, 당시 칼빈주의를 반대하는 세력의 지도자였던 프란시스 화이트(Francis White)가 벌떡 일어나 그 회의의 의장 노릇을 하던 공직자들에게 이와 같이 고뇌에 찬 탄원을 했다고 말한다. "나는 영국 국교회의 일원인 우리가 네덜란드의 시골 마을에서 들어온 이 새로운 신앙을 수용하면 안 된다고 당신들의 권위에 탄원하는 바입니다."[53]

여기서 말하는 신앙은 우리 할머니와 그 가족들이 전수한 신앙과 거의 같은 것이다. 할머니 가족은 1880년대에 슬리드레히트를 떠나 미국으로 건너왔다. 그 마을은 도르트레히트와 불과 5마일 떨어진 곳에 있었다. 나는 우리 할머니가 칼빈주의 교리를 기술적으로 진술하는 것을 본 적이 없다. 하지만 칼빈주의는 그녀가 알고 있던 유일한 신학이었다. 나의 증조부 되시는 우리 할머니의 아버지는 거의 90년이란 세월을 사셨다. 증조부는 내가 태어나기 전에 일하던 공장에서 퇴직하신 상태로 지내셨다. 내가 그분에 대해 기억하는 바는 증조부가 시가(cigar)를 즐겨 피우시는 분이셨다는 것, 그리고 그의 성경책 옆에는 늘 커다란 술잔이 놓여있었다는 점이다. 아울러 그는 신학에 대해 이야기하는 것을 좋아했다.

돌이켜 생각해보면, 우리 증조부는 튤립 교리에 대해 내게 이야기해주셨던 것 같다. 하지만 우리 할머니도 그 교리를 내게 이야기해주셨는지는 의심스럽다. 하지만 그녀가 하이델베르그 요리문답의 첫번째 질문과 답(종종 간단히 "하이델베르그 일번"(Heidelberg One)이라고 하는)을 기억해 외울 수 있었다는 것은 확실하다.

질문: 생사 간의 당신의 유일한 위로는 무엇입니까?

답변: 생사 간의 나의 유일한 위로는 나는 나의 것이 아니고 몸과 영혼이 모두 미쁘신 구주 예수 그리스도의 것이라는 사실입니다. 주께서 보배로운 피로 나의 모든 죄값을 치러주셨고 마귀의 권세로부터 나를 자유케 하셨습니다. 또한 하늘에 계신 아버지의 뜻이 아니고는 나의 머리털 하나도 상하지 않듯이 주는 나를 지켜주십니다. 실로, 이 모든 것이 합력하여 나의 구원을 이룹니다. 내가 주의 것이기에 주께서 성령으로 말미암아 영원한 생명을 보증하시고 나의 온 마음을 다하여 기꺼이 주를 위하여 살게 하십니다.

칼빈주의 신앙을 가진 네덜란드 어린이들은 누구나 이 문답을 배운다. 이들이 나이가 들어 호흡을 멈추고 눈을 감기 직전에 바로 이 "하이델베르그 일번"을 외우면서 삶을 마감한다는 이야기를 심심치 않게 듣게 된다.

뉴저지에서의 삶은 우리 할머니 가족이 네덜란드의 한 시골 마을에서 경험했던 삶과는 차원이 다른 것이었다. 그러나 그들에게 "하이델베르그 일번"만큼은 참 잘 전수되었다. 그리고 그것은 내게도 잘 전수되었고, 내 가족의 다음 세대에도 계속 전수될 것이다. 내 아들과 며느리는 여섯 살, 그리고 세 살 난 두 아들에게 이 교리를 벌써 가르쳤고, 아이들도 이 교리를 제대로 기억하고 있다.

상실과 슬픔 속에서도 희망을

비행기 안에서 만난 아제르바이잔 가족에게는 종교적 유대감과 관련한 접촉점이 거의 보이지 않는다. 나는 아제르바이잔 종교 전통이 무엇인지 조금 알고 있다. 그 곳에는 정통 기독교만큼이나 큰 영향을 끼치고 있는 무슬림이 그 지역 종교의 주도권을 쥐고 있다. 또한 아제르바이잔은 조로아스터와 그의 이름을 딴 종교가 탄생한 곳이기도 하다.[54] 만약 내가 기내에서 만난 그 가족들과 좀 더 편안한 대화를 나눌 수 있었다면, 난 그들이 살아온 배경에 대해 물었을 것이다. 그리고 그것을 추적해보는 것은 흥미로운 일이 되었을 것이다. 하지만 나는 이미 그와 관련해 충분한 정보를 얻었다. 그들은 상실과 슬픔에 대해 이야기했다. 또한 머지 않아 태어날 아기에 대한 기대감을 이야기함으로써, 미래를 위한 희망도 표현했다. 머지 않아 태어날 아기에 대한 기대감을 드러냈던 것이다.

사실 우리 할머니라면 그들의 경험을 공감했을 지도 모른다. 우리 할머니도 미국에 정착하기 위해 먼 거리를 날아왔다. 그녀는 상실과 슬픔을 경험했다. 난 할머니가 내게 토로하셨던 그녀의 괴로움을 절대 잊지 못할 것이다 (그 일 후 얼마 지나지 않아 할머니는 이 세상을 떠나셨다). 그때 그 괴로움이란 어느 한밤 중, 당시 갓 10대였던 자기 아들이 급성맹장으로 죽어가는 상황에서, 아무리 절박하게 요청해도 별다른 반응을 보이지 않던 한 의사를 기다려야만 했던 일이었다.

하지만 그녀는 희망에 대해서도 알고 있었다. 그녀에게도 마찬가지로, 그것은 한 아이의 탄생으로 말미암은 희망이었다. 그녀는 이 아이의 탄생을 그녀가 다니던 칼빈주의 교회에서 들었다. 크리스마스만 되면, 우리는 베들레헴에서 태어난 그 아이에 대해 이렇게 노래한다. "온 세상 모든 사람들 잠자는 동안에 / 평화의 왕이 세상에 탄생하셨도다."

외할머니도 아제르바이잔 여행객들의 삶에서 일어나는 기본적인 희망과 공포에 대해 이해했을 것이다. 나는 할머니가 그 가족들이 싸우고 있는 관심사와 그들의 의식적인 삶 바로 아래에 감추어진 매우 중요한 질문 (즉 "생사 간에 당신의 유일한 위로는 무엇입니까?") 사이의 연결을 정확히 알고 있었을 것이라고 생각한다.

환상

나는 나의 칼빈주의를 손상시키지 않은 채 라스베가스 방문을 마쳤다. 나는 내 영혼 안에 라스베가스가 지닌 매력을 느끼고 있음을 고백하지 않을 수 없다. 내가 비행기 창문 너머로 라스베가스의 휘황찬란한 불빛을 보고 있노라면, 그리고 차를 타고 도시 동쪽을 여행하면서 우리에게로 다가오는, 사막 위 우뚝 솟은 그 도시를 바라보고 있노라면, 이곳이 나를 초대하기 위해 손짓하고 있음을 감지할 수 있다. 내가 공항 주위를 걸을 때 라스베가스는 다시 날 불렀다. 나는 단지 이 도시가 던지는 표면적인 유혹만이 아니라 그보다 더 깊은 영적인 충동을 느꼈다.

이는 예상했던 바다. 라스베가스는 "새 예루살렘"의 모조품이다. 이 도시는 자신이 모방하고 있는 영광스러운 실재와 어떤 요소를 공유하고 있다. 그러나 이 도시는 결코 밤을 쫓아낼 수 없을 뿐만 아니라, 우리의 슬픔을 멈추게도 할 수 없다. 비록 이 도시가 우리를 유혹하지만, 거기에는 어떤 약속도 없다. 눈부신 카지노 너머에 진정한 평안과 만족 같은 것은 결코 존재하지 않는다. 그곳은 우리 마음의 분주함을 진정시키지 못한다.

나의 아내와 나는 아이다호로 여행을 가던 중, 여행 첫 날 밤을 라스베가스에서 보낸 적이 있다. 우리는 한 시간 이상을 걷다가 한 카지노에 들어갔는데, 거기서 한 가족이 소란을 일으키고 있는 것을 목격했다. 알고 보니 어떤 아버지가 지갑을 잃어버린 상태였다. 그는 두려워하는 얼굴로 갑자기 달리기 시작했다. 아내는 남편 뒤에 서서 흥분한 상태로 소리를 질렀다. 그 부부의 두 아이들이 (그 중 한명은 10대로 보이는) 울기 시작했다. 그들의 미친 듯한 울음소리에서 나는 깊은 절망을 들을 수 있었다. 라스베가스는 지갑을 꺼내기만 하면 좋은 삶이 보장될 것이라는 거짓 약속으로 우리를 유혹하면서, 인간의 성취에 대한 허구적인 비전을 제공했던 것이다.

  우리가 그 슬픈 광경을 뒤로하면서 지나갈 때, 내 위에는 라스베가스의 또 다른 이름이 적힌 간판이 걸려있었다. "신기루"(The Mirage).

10

제이크의 실수

영화 『하드코어』에서 제이크가 니키와 나눈 대화는 하나의 재앙이었다는 나의 생각에는 의심의 여지가 없다. 아마도 당신은 니키의 종교적 호기심에 대해서 튤립교리에 대한 짧은 강의로 반응하지는 않을 것이다. 그러면 당신은 어떻게 반응할까? 대화의 내용으로 좀더 적합해 보이는 것은 무엇일까? 그것은 현시대의 용어로 표현되어야 하는가? 하지만 그 대답도 곧 시대에 뒤떨어진 것이 될 텐데, 그러면 한 세기 후 정답은 또 달라질 게 아니겠는가?

나는 복음을 전하기 위해서 늘 새로운 방법들을 고안해내는 사람들과 많은 시간을 함께하고 있다. 그들은 다양한 세대(베이비 붐 세대, X-세대, 밀레니엄 세대, 그리고 기타 여러 세대)들에 맞는 적절한 접근법을 내놓고자 하고, 이를 위해 그 세대를 먼저 이해하려고 노력한다. 나는 이런 노력을 기울이는 사람들에게서 많은 것을 배웠다. 하지만 제이크가 니키에게 말해야만 했던 것에 관해서는, 그런 일을 하는 사람들의 과업으로 맡겨두고 싶지 않다. 이 일에 대해서만큼은 내 나름의 직감이 있다. 그것은 나름 강력한 것이다. 나는 제이크가 니키에게 설명하기 위해 과거로 돌아가려고 한 것 자체가 잘못은 아니었다고 본다. 오히려 그의 실수는 잘못된 것을 붙들고 과거로 가려고 했다는 것에 있다.

제이크는 역사적으로만 보면 정확한 시기로 돌아갔다. 하지만 잘못된 도시로 갔다. 그는 17세기의 도르트레히트로 돌아갔지만, 그보다는 16세기의 하이델베르그로 가는 편이 나았을 것이다. 나는 그가 네덜란드에서 나온 튤립 교리들에 대해 말하기보다는, 하이델베르그의 첫 번째 문답을 가지고 니키에게 말하는 편이 나았으리라고 본다.

요리문답 비교하기

나는 언젠가 한 번 네덜란드 신학자 헨드리쿠스 베르코프 (Hendrikus Berkhof)가 칼빈주의 전통에서 탄생한 두 개의 위대한 요리문답서를 비교하는 것을 들은 적이 있다. 여기서 두 개의 요리문서답서란, 독일에서 탄생한 하이델베르그 요리문답과 스코틀랜드 장로교에서 나온 웨스트민스터 소요리문답이다. 베르코프는 두 문답서 모두 일반적으로 칼빈주의의 내용을 동일하게 담고 있지만, 그 어조에 있어서는 매우 큰 차이를 보인다고 지적했다. 그 두 가지 문답서가 시작하는 방식을 보면 베르코프의 주장이 더 명확해진다. 웨스트민스터 소요리문답 제1문은 "인간"(일반적 의미의 인류)에 대해 말하면서 추상적인 신학적 진술로 시작한다. "인간의 제일 되는 목적은 무엇인가?" 그런 다음 이에 대해 잘 알려진 대답이 주어진다. "인간의 제일 되는 목적은 하나님을 영화롭게 하며,

그를 영원토록 즐거워하는 것입니다." 그러나 하이델베르그 요리문답은 베르코프의 말대로 매우 개인적인 용어로 시작하고 있다. "사나 죽으나 **당신의** 유일한 위로는 무엇입니까?" 이에 대한 대답은 다음과 같다. "사나 죽으나 나의 유일한 위로는 내가 나의 것이 아니고 몸과 영혼이 모두 미쁘신 구주 예수 그리스도의 것이라는 데 있습니다."

이러한 두 질문과 그에 상응하는 답변은 모두 중요하다. 그러나 베르코프 교수는 하이델베르그 요리문답의 어조에 현시대와 공명하는 어떤 것이 있다고 지적했다. 그가 강조한 바는 다음과 같다. 즉 하이델베르그 요리문답은 우리에게 실존적으로(existentially) 말하기를 요청한다는 것이다. 이 문답서는 우리를 일반적인 "인간"이 아니라, 매일 매일의 삶의 실재 속에서 살과 피를 지닌 개인들로 간주한다. "**당신의** 유일한 위로는 무엇입니까?" "나는 나의 것이 아닙니다." "나는 그분께 속해 있습니다."

베르코프 교수는, 1960년대 초 미국에 방문해 있는 동안 이러한 강의(내가 잊을 수 없는)를 했다. 하이델베르그 요리문답의 어조를 "실존적"이라고 칭한 베르코프의 지적은, 실존주의 철학이 매우 인기였던 당시 시대의 분위기와 맞물려 좋은 느낌을 주었다. 물론 실존주의라는 용어는 그것의 철학적 운동과 더불어 오늘날에는 그다지 흥미를 끌지 못한다. 하지만 이 용어의 배후에 있는 개념은 여전히 우리시대의 문화 분위기를 잘 포착하고 있다. 오늘날 종종 포스트모던적 사고방식과 관련되는 동인들(motifs)중 하나가 "개인적인 이야기"(personal narrative)라는 개념이다. 사람들은 "그들의 이야기를 말하는 것"이 중요하다는 것을 발견한다. 만일 우리가 순전히 개인적인 관심사를 넘어설 수 있다면, 그것은 우리 개인의 이야기가 어느 정도 다른 이야기와 상호교차하기 때문일 것이라고 그들은 확신한다. 개인적인 이야기라는 주제는 또한, 오늘날 하나님과 하나님의 목적에 대한 "추상적 명제"에 반해 종교적 "이야기"(narrative)의 중요성을 강조하는 여러 신학자들이 속한 기독교 집단 안에서도 중요하게 생각된다.

나는 아직도 추상적인 명제들을 좋아하고 있다. 하지만 나는 추상적 명제들이 하나님과 그분의 목적이 **내게** 의미하는 바에 대한 개인적 진술들만큼 내 삶에서 역할을 하지 못하고 있음도 인정한다. 그렇기 때문에 하이델베르그 요리문답은 칼빈주의적 신앙의 중심에 있으면서 동시에 오늘날 퍼져있는 분위기와 매우 잘 연결되는 고백인 것처럼 보인다.

연결점 상실

하이델베르그 요리문답은 매우 개인적인 문제들에 대해 질문하는 것에만 국한되지 않는다. 실제로, 내가 칼빈주의를 사회정의 문제와 연결시킬 수 있게 된 것은 누군가가 하이델베르그 요리문답을 인용하는 내용을 직접 듣게 된 것에서 비롯되었다. 신대원 시절, 나는 이웃동네에 위치한 네덜란드계 미국인들이 모이는 집회에 설교를 해달라는 요청을 받았다. 난 토요일에 그 동네에 가서, 그 교회의 장로의 집에서 하룻밤 신세를 지게 되었다. 저녁식사 후 장로는 성경을 한 장 읽었다(이것이 그 집의 문화였다). 그가 읽은 성경 구절은 기억나지 않는다. 하지만 내 기억에 성경 한 장을 읽은 후 그 장로는 하이델베르그 요리문답에 있는 인간이 할 수 있는 가장 훌륭한 말을 덧 붙였다. "사나 죽으나 나의 유일한 위로는 내가 나의 것이 아니라는 것입니다."

우리는 거실로 나갔다. 거실에는 텔레비전이 켜져 있었는데, 마침 뉴스를 하는 시간이었다. 그 날의 주요 기사는 주택공급 차별대우에 항거하는 마틴 루터 킹 목사의 집회 인도에 대한 것이었다. 장로는 점점 흥분하기 시작했고, 마침내 텔레비전을 꺼버리고 나서는 내게 자신은 "유색인종과 그들의 불평등에 대한 이런 내용들"을 도무지 들을 수 없다고 말했다. 나는 즉시 그에게 킹 목사의 입장에 공감한다고 이야기했고, 결국 우리는 격론을 벌이게 되었다. 격론을 벌이던 와중에 그는 주먹으로 거실 탁자를 세게 내려치면서 소리쳤다. "나는 그 사람들이 내 이웃이 되는 것을 원치 않아! 내 재산은 내 스스로 얻은거야. 아무도 그것을 빼앗을 수 없어."

나는 계속 논쟁을 벌이는 것은 부적절함을 깨달았고, 곧 모든 것이 조용해졌다. 나중에 나는 침대에 누워 여기서 벌어진 모순에 대해 생각했다. 자기 재산은 자기 스스로 얻은 것이고, 아무도 그것을 빼앗을 수 없다고 소리쳤던 그 사람은 불과 몇 분 전에, 사나 죽으나 나의 유일한 위로는 내가 나의 것이 아니라는 것이라고 말했던 사람이다. 그 교훈을 나는 아직도 간직하고 있다. 더욱이 나는 칼빈주의적 행동주의를 위해서 필요한 모든 기초적 요소들이 하이델베르그 요리문답의 1번 대답에 모두 포함되어 있음을 보게 되었다. 하나님의 영은 "나로 하여금 진심으로 자발적으로 준비되게 하여 그후에 그를 위해 살게끔 하실 것입니다."

하이델베르그 요리문답은 매우 개인적인 삶에서와 그리고 내 신앙의 보다 공동체적인 차원에서 모두 내게 잘 전수되었다.

공항에서 벌어진 "실존적" 대화

이제, 라스베가스 공항에서 벌어진 제이크와 니키의 대화 장면으로 되돌아가보자. 제이크의 접근 방식은 잘못된 것이었다. 그는 튤립보다는 하이델베르그 요리문답에 대해서 이야기했어야 한다. 제이크는 "실존적인" 주제로 대화를 시작해야만 했던 것이다.

솔직히, 나는 칼빈주의자가 아닌 사람들과 일상적 대화를 나누기에는 튤립이 그다지 좋은 주제가 되지 못한다고 생각한다. 튤립은 "돌이보는" 틀로서는 최상이다. 자신의 삶 속에서 놀라운 방식으로 하나님의 은혜를 경험한 사람은 나중에 자신에게 벌어진 일이 대체 무엇인지를 생각하며 이를 돌아보게 된다. 튤립 교리는 (내가 보기에 정확히 그러한데) 하나님께서 인간을 구원하시는 방식에 대한 요약이다. 그러나 튤립은 일차적으로 사람들에게 기독교에 대한 매력을 갖게 하기 위해 만들어진 것은 아니다. 만일 제이크가 자신이 경험했던 신앙의 세계에 니키를 진심으로 초대하고 싶었다면, 튤립에 대해 이야기하는 것은 잘못된 접근이었다.

그러나 나는 정말로 잘못된 것이 제이크가 잘못된 종류의 대화를 한 것이라고 보지는 않는다. 니키는 제이크의 종교적 관점에 대해 물어보았다. 그래서 제이크는 짤막한 신학 수업을 해주기로 마음먹었던 것이다. 그는 일단 "진리"를 말한 뒤, 그 대화를 끝내는 것에 만족해했다. 그는 그의 관점이 그녀에게 전혀 매력적이지 않는 것에 별로 놀라지도 않았다. 결국 그는 이런 식으로 그 주제를 끝내버렸다. "글쎄, 당신이 외부에서 그것을 볼 때는 조금 혼란스러울 수 있다는 것은 인정해요. 당신은 내부에서 그것을 보려고 노력해야 해요."

내가 이 대화에 대해 처음 이야기했을 때도 말했듯이, 나는 제이크가 니키와의 대화에서 다른 방침을 취했었으면 좋았을 것이라고 생각한다. 그는 니키의 삶의 관점 "안으로" 들어가서 그녀가 세상을 바라보는 방식에 대해 관심을 보이는 것에서 그 대화를 시작하는 편이 좋았을 것이다. 예를 들어 제이크는, 그녀가 자신을 "금성인"이라고 소개한 의도를 포착해낼 수도 있었을 것이다. 그것은 무슨 의미였을까? 나는 구글 검색기를 활용해 보았지만, 도움될 만한 것을 발견하지 못했다. 하지만 나는 사랑의 여신인 비너스에 대한 숭배를 묘사한 티치아노의 "사랑의 페스티발"이란 그림에 대해 알고 있다. 이 그림에는 비너스의 다양한 사랑 행각에서 비롯된 자손들인 많은 큐피드들이 묘사되어 있다. 큐피드는 정욕을 촉진시키는 일을 한다. 내가 추측하기에, 니키는 삶에 대해 그런 일반적인 관점을 공유하고 있는 사람이었을 것이다.

우연히도, 티티아노는 1518년에서 1520년 사이에 "비너스를 따르는 사람들"(Venusian)에 대한 그림을 그렸다. 그가 이 그림을 그린 16세기는, 칼빈주의가 태동한 시기이기도 하다. 실제로 그는 도르트 공회가 열렸던 시기(1618-1619)에서 정확히 100년 전에 그 그림을 그렸다. 니키와 제이크 사이에서 더 깊이 있는 대화가 진행되었다고 상상해본다면, 거기에 이런 것들이 관여할 수 있었을 것이다. 적어도 이 문제는, 좀 낡은 사고방식을 가진 사람이 상대적으로 새로운 견해를 가지고 있는 사람을 만나서 벌어진 일이라고 치부해버려서는 안 된다. 보다 적절한 이해는 그 두 사람은 각각 몇 세기에 걸쳐서 나란히 존재해온 세계관을 나타낸다고 보는 것이다.

니키의 이야기에 대한 온정적 접근

어느 날 나는 한 수업시간에 비기독교인들이 속한 삶의 자리로 나아갈 필요성에 내해 이야기한 적이 있다. 그들의 문화적 상황, 그들의 현재적 세계관, 그들 개인의 삶의 여건들을 이해하려고 시도함으로써 말이다. 이러한 접근방식은 "관계적 전도"라는 용어로 알려져 있다. 우리는 감정이입의 태도로 다른 사람과 관계를 맺으면서, 그들의 삶의 기본적 주제들에 대해 이야기할 수 있는 신뢰감을 얻기를 바란다.

한 학생이 강의가 끝난 후 내게 다가와 이렇게 말했다. "나는 선생님이 말한 방식이 너무 복잡하다고 생각합니다. 우리는 사람들에게 그들은 죄인이라고 말한 다음, 성령께서 이것을 사용해 그들 스스로 죄를 깨닫게 해 주시기를 바랄 뿐입니다." 이것이 바로 복음주의권의 공통적인 접근방식이고, 또한 칼빈주의의 가혹한 입장과도 꽤 일맥상통한다. 하지만 이것은 내가 견지하는 칼빈주의가 아니다.

한 예로, 나는 제이크가 단순히 니키의 세계관과 그에 따르는 삶의 양식을 비난하지 않은 것이 중요했을 지도 모른다고 생각한다. 그는 니키의 개인적인 이야기를 듣고서, 그에 적합한 말을 해주려고 했다. 니키와 같은 방식으로 사는 젊은 여자의 입장을 고려해볼 때, 그녀의 삶 속에 어떤 것에 대한 남용이 있었다고 의심할 수도 있다. 아마도 니키는 약물이나 문란한 성생활로 점철된 삶의 양식에(어떤 사람에게서도 참된 사랑을 받을 수 없음에서 기인하는) 빠져 있었을 것이다. 아마도 그녀는 삶을 통해 타인들, 특별히 남자들을 다루는 최상의 방법을 배웠을 것이다. 그리고 이 모든 일은 기본적으로 **신뢰**하지 못함에 근거할 것이다.

만일 이것들 중 어떤 것이 니키의 이야기 중에서 사실로 판명될 경우, 칼빈주의자들이 할 수 있는 최악의 선택은 니키에게, 그녀는 회개하고 삶을 똑바르게 해야 하는 끔찍한 죄인이라고 지적하는 것으로 대화를 시작하는 것이다. 그런 메시지는 튤립 교리로 시작할 수 있다. 그것은 그녀가 세상의 기초가 놓여질 때부터 하나님에 의해 버려진 끔찍한 사람이라는 메시지를 줄 수 있다.

확실히, 그녀의 행동방식은 살아계신 하나님에 대한 반항에 근거한다. 그러나 이 경우 그 반항은 너무나 큰 외로움과 고통이 따르는 삶을 산출했다. 따라서 그 반항에 직접 가기보다는 그녀의 삶 깊은 곳에 있는 외로움과 고통을 확인하는 것이 좋다. 나는 튤립 교리라는 "극단적 칼빈주의"로 직접 니키와 부딪히는 대신에 그녀가 온정적인 한 마디 말을 들을 수 있도록 할 것이다. 찰스 스펄전은 이를 다음과 같이 잘 진술한 바 있다.

> 사랑으로써, 그들의 슬픔에 연민을 품음으로써, 그들이 멸망하지 않도록 걱정함으로써, 그들이 구원받지 못한 채로 죽는 일이 없게 해달라고 진심으로 하나님께 탄원함으로써, 하나님을 위해 그리고 그들 자신을 위해 그들이 자비를 구하고 은혜를 찾도록 그들에게 간청함으로써, 우리는 예수님을 위한 마음들을 얻게 된다.[55]

만일 내 생각이 옳다면, 니키에겐 신학수업이 필요하지 않았다. 그녀에겐 부드럽고 온화한 목소리로 그녀에게 속삭이는 하나님이 필요했다. 니키는 그녀를 예속시키는 방식으로 그녀를 "소유하는" 분에 대해서가 아니라, 그녀를 결코 포기하지 않는 애인으로서의 구세주께 소속될 가능성에 대해 듣는 것이 필요했다. 절대 실패하지 않으시는 하나님의 신실하심만이 그녀에게 생사 간에 유일한 위로가 될 수 있었다.

이것이 바로 제이크가 니키에게 이야기했어야 하는 내용이다. 튤립 교리는, 만일 그것이 니키에게 조금이라도 재미있는 것이 될 경우, 그때에야 비로소 훨씬 더 깊이있게 다뤄질 수 있을 것이다.

11

한 여행객의 고백

내게 니키와 이야기할 기회가 주어진다면, 나는 물론 그녀가 예수 그리스도를 구주로 받아들이기를 소망할 것이다. 그리고 만일 그녀가 마침내 칼빈주의적 세계관을 받아들이게 된다면, 나는 무척이나 기뻐할 것이다. 하지만 그런 일이 일어나지 않는다 하더라도, 나는 그리 끔찍한 기분을 느끼지는 않을 것이다. 아마도 그녀가 예수님에 대한 메시지를 듣고서 그분을 그녀의 구주로 믿게 될 경우, 그 이후에 그녀는 하나님의 성회(Assembly of God)[56]에 참여할 수도 있을 것이다. 또는 감리교회에 참여할 수도 있고, 아니면 독실한 로마 카톨릭 신자가 될지도 모른다. 그럼에도 나는 분명하게 이렇게 말하기를 원한다. "나와 같은 칼빈주의자가 되는 것이 좋을 텐데…"라고.

누가 그녀의 대화 상대자로 적합할까?

나는 복음주의 그리스도인들의 소그룹 모임에서 재미난 실험을 해본 적이 있다. 나는 거기 모인 사람들에게 그리스도인은 아니지만 세심한 도움을 필요로 하는 젊은 여자가 있다고 가정해보자고 했다. 그리고 또 이 여자와 함께 며칠 동안 휴가를 보내면서 그녀와 하나님과의 관계에 대해 이야기를 나눌 수 있게 된 한 기독교 지도자가 있다고 가정해보자고 했다. 그런 후 나는 그들에게 텔레비전 설교자나 유명한 신학자들의 이름이 적힌 명단을 내밀었고, 그 가운데서 그 여자의 대화 상대자로 적합할 것 같은 사람을 선택해서 제출해 달라고 했다. 한 가지 주목할 것은 내가 그 명단에다 두 명의 카톨릭 지도자, 즉 헨리 나우웬(Henry Nouwen)과 마더 테레사(Madre Teresa)를 끼워 넣었다는 사실이다(이 테스트를 할 때만 해도 둘은 생존해 있었다). 그들의 선택이 끝난 후, 난 놀라움을 감출 수 없었다. 그들 모두 이 두 명의 카톨릭 신자를 선택했던 것이다.

이 실험은 두 가지 사실을 증명해주었다. 첫째는 로마 카톨릭을 바라보는 복음주의자들의 시선이 최근 몇 년 사이에 매우 달라졌다는 것이고, 둘째는 그리스도인은 아니지만 우리가 심히 사랑하고 돌봐주길 원하는 어떤 사람을 데려왔을 경우, 사람들이 원하는 것은 예수님과 온전한 관계를 맺고 있는 따뜻한 마음을 가진 사람이라는 것이다. 내가 명단에 기입해 두었던 복음주의자들과 신학자들은 명료하고 정확하게 메시지를 전하는 사람들로 존경을 받고 있었다. 하지만 테스트에 응해준 소그룹 사람들에게는 그들이 젊은 여자에게 예수님의 사랑을 효과적으로 전달할 수 있는 사람들로 보이지 않았던 것이다. 그 그룹은 나우웬이나 마더 테레사 같은 사람들에게 기대를 걸었다(만일 내가 빌리 그래함을 후보에 포함시켰다면, 분명 그도 여기에 포함되었을 것이다).

이런 점에서 우리 할머니는 나의 사상과 감성을 좋아하지 않았을 거라는 강한 의구심이 든다. 여기서 나는 할머니의 경험이 다소 제한적이었다고 말해야 할 것 같다. 나는 심적으로나마 조상들이 살았던 마을로 돌아가보는 것을 좋아한다. 그리고서 그분들의 기본적인 신학적 신념들에 계속 충성하기를 원한다. 하지만 나는 날마다 교회일치적이고 지구적으로 생각하기를 강요받는 그리스도인으로서, 내가 경험하는 문제들에 비추어 그분들의 신학을 새롭게 개정해 나가야만 했다. 나는 네덜란드 시골 마을의 삶에 깔끔하게 들어맞는 다른 마을들의 거주자들로부터 많은 것을 배웠다. 나는 수도원과 수녀원에서 생활하는 사람들, 멕시코시티의 슬럼가에 사는 사람들, 남아프리카 유색인지정지구(township)에 사는 사람들, 동유럽의 유대인 게토와 마니토바에 정착해서 농사를 짓는 아만파 사람들(Amish)[57], 그리고 중동의 난민촌에 사는 사람들을 통해 많은 것을 배웠다. 따라서 여전히 슬리드레히트와 도르트레히트는 내가 영적이고 신학적인 자양분을 위해 거기로 돌아갈 때마다 늘 내게 영적 지표로 존재하지만, 지금의 내 수업이나 충성심이 우리 할머니나 17세기 도르트 신경에 모여든 학식있는 교회 사람들을 기쁘게 하지는 않을 것이다.

"거의 완벽한" 기독교?

최근에 나는 1920년대에 출간된 칼빈주의에 관한 책을 읽었다. 이 책의 저자는 R. B. 카이퍼로, 그는 자기가 방어하고자 했던 사상체계의 이점을 대담할 정도로 강하게 설명하길 좋아했던 고전적 칼빈주의자였다. 그는 이 책에서 "칼빈주의란 기독교에 대한 거의 완벽한 해석이다. 결론적으로 칼빈주의와 기독교는 실제적 동의어다"라고 적고 있다. 그리고 그는 자신의 요점을 강조하기 위해서 19세기의 위대한 프린스턴 신학자 벤자민 워필드에게서 자기와 유사한 입장을 피력한 부분을 인용했다. 워필드는, "칼빈주의는 종교의 정수이다. 그러므로 우리는 종교의 정수를 알기 위해서 칼빈주의를 배워야 한다"고 주장했다.[58]

나는 이런 식으로 칼빈주의에 대해 지지하는 글들을 읽을 때면, 보통 조금 짜증이 난다. 그것들은 내게 칼빈주의를 위해 너무 많은 것을 요구하는 것처럼 보인다. 그러나 이 책을 읽었을 때 내가 보인 반응은 그렇게 부정적이지는 않았다. 왜냐하면 처음 두 페이지에서 R. B. 카이퍼는 보다 겸손한 진술을 펼치면서 자신의 자신감 넘치는 주장을 개진하고 있기 때문이다. 그는 "가장 열렬한 칼빈주의자"조차도 "자신의 기독교 해석이 완벽하게 옳다고 주장할 수는 없다. 거기에 무엇인가를 첨가하지 않아도 되는 해석은 존재하지 않는다"[59]고 적었다.

그러면, R. B. 카이퍼는 어떤 의미에서 칼빈주의를 기독교에 대한 "거의 완벽한" 해석이라고 믿었을까? 어쨌든 칼빈주의자들만이 참된 기독교인이라는 뜻으로 그런 말을 한 것 같지는 않다. 그는 훨씬 더 관대한 주장을 했다. 모든 참된 그리스도인은, 그들이 인지하든 못하든 간에 사실은 칼빈주의자들이라는 것이다. 그는, 어떤 사람이 "스스로를 칼빈주의자라고 부르지 않을 수도 있다. 오히려 칼빈주의자라고 일컬어지는 것에 대해 분개할 수도 있다." 그러나 만일 "그가 하나님께 전적으로 의존해서 산다"면, 그는 "최종적"으로 칼빈주의자다 라고 말한다.[60]

이것은 내가 책 초반부에서 언급한 찰스 스펄전의 입장과 다르지 않다. 스펄전은 만일 어떤 사람이 자기에게 스스로를 칼빈주의자라고 부르는 것이 도대체 어떤 의미를 내포하는 것이냐고 묻는다면, **구원은 주님께 속해 있다**고 말하는 자가 바로 칼빈주의자라고 대답하겠다고 말한 바 있다. 이렇게 말하면서도, 스펄전은 단지 칼빈주의자들만이 구원은 하나님의 주권에서만 나올 수 있다고 믿는다고 주장하지 않았다. 그는 자기의 구원이 하나님의 자비에 전적으로 의존해 있다는 사실을 진정으로 경험한 모든 사람(자신이 기술하는 신학적 체계가 무엇이든간에)들은 정신적 칼빈주의자들이라고 자신있게 표현한 바 있다.

나는 이런 주장에 크게 공감한다. 하지만 내겐 여전히 이런 식으로 칼빈주의를 표현하는 것이 꺼림직하다. 예수회 신학자 칼 라너는 비 기독교 내에 "익명의 그리스도인"이라고 부를 수 있는 사람들이 있다고 주장했다.[61] 이를 통해서 라너는 무슬림이나 힌두교

신자들 중에도 실제로 기독교적 정신이 가슴 속에 뿌리박혀 있는 사람들이 있을 수 있다고 보았다. 비록 그들이 그리스도의 가르침만을 유일하게 고수하는 것은 아니라 해도 말이다. 하지만 이런 식의 주장들은 다른 종교 전통에 속한 학자들의 견해를 세심하게 검토하지 않는 데서 비롯된 경우가 많다. 그들은 "익명의 그리스도인"이라는 명칭이 그리스도인들의 오만함의 표현이라고 지적한다. 그들은 실제로 힌두교나 무슬림 신자로서 믿는다고 말할 때, 그것이 의미하는 바가 진지하게 취급되기를 원했다. 이런 점에서 나는 감리교나 카톨릭 친구들을 "익명의 칼빈주의자"라고 부르는 것도 라너와 동일한 잘못을 범하는 것이라고 본다.

하지만 나는 또한 모든 참된 그리스도인들을 칼빈주의자로 명시하는 것은, 우리가 그렇게 주장할 권리를 가진 것보다 훨씬 더 많은 것들을 칼빈주의에 요구한다고 생각한다. 나는 칼빈주의가 매우 중요한 신앙의 문제들에 대해 올바른 가르침을 준다고 확신한다. 하지만 나는 워필드처럼 "칼빈주의가 종교의 정수다"라고 주장할 정도는 아니다. 왜냐하면 칼빈주의가 실제로 기독교 제자도의 많은 차원들에서 모두 성당하다고 생각지는 않기 때문이다.

당혹스러운 약점

한 예로, 칼빈주의는 윤리 문제에서 당혹스러울만큼 연약한 모습을 보인다. 하지만 워필드의 말처럼 칼빈주의를 "종교의 정수"라고 주장하려면, 그것은 기독교인의 삶에서 중요한 요소인 윤리에 있어서도 정당해야 한다. 그러나 확실히 기독교 공동체 내에서 칼빈주의자들은 다른 순수한 사람들만큼 눈에 띄는 윤리적 실천을 보여주지 않는다. 칼빈주의자들은 불관용적인 모습을 자주 보여주며, 때로 자신들이 동의하지 못하는 주장을 펼치는 사람들을 매도하면서 폭력을 서슴없이 행사하기도 한다. 그들은 자주 인종주의 정책을 지지해왔다. 그리고 이러한 자신들의 입장을 칼빈주의의 가르침에 직접 호소함으로써 방어하려고 했다는 사실은, 그러한 행위가 칼빈주의 관점 자체에 내재해 있는 어떤 약점에 기인한 것이 아닐까 하는 우려감까지 들게 만든다. 그러한 문제에 대하여 칼빈주의자들은 진정으로 회개해야 하며, 아울러 우리가 배워야 하는 보다 큰 기독교 공동체가 존재한다는 사실을 인정해야 한다. 즉, 메노나이트, 남아프리카의 흑인교회, 오순절 교회, 성 프란시스 추종자들, 그리고 그 외 여러 다른 기독교 공동체들 말이다.

그럴 경우, 다른 점에서는 몰라도, 적어도 윤리 문제에 있어서만큼은 칼비주의자들이 상당한 겸손을 발전시킬 수 있을 것이다. 존 칼빈은 겸손을 핵심 덕목으로 칭송한 바 있다. 그는 이를 다음과 같이 주장했다.

우리 철학의 기초를 겸손이라고 한 크리소스톰의 말은, 나를 항상 기쁘게 했다. 그러나 어거스틴의 다음과 같은 말은 나를 더욱 기쁘게 한다. 어떤 수사학자가 웅변에 있어 가장 중요한 원칙은 무엇이냐는 질문을 받았을 때, 그는 '전달'이라고 대답했다. 그러면 둘째 원칙은 무엇이냐는 질문에도 '전달'이라 했고, 셋째 원칙 역시 '전달'이라 했다. 따라서 만일 당신이 내게 기독교의 교훈들에 관해 묻는다면, 나는 첫째도, 둘째도, 셋째도 '겸손'이라고 대답할 것이다."[62]

겸손은 그리스도인의 삶의 기본적 문제들을 다룸에 있어 개발해야 하는 중요한 덕목이다. 그리고 윤리적 문제들에 있어서도, 칼빈주의자들은 이 덕목을 다량 복용할 수 있도록 개발하는 것이 좋다.

다른 사람들에게서 배우고자 하는 욕구

그러나 겸손 그 자체만으로는 부족하다. 어떤 그룹의 사람들은 삶의 기본적인 문제들에 대해 그들만이 진리를 소유하고 있다는 사실에 대해 겸손하기로 결심할 수 있다. 그러나 이런 식의 겸손은 기껏해야 세상의 모든 잘못된 영혼들을 향한 관용의 태도를 만들어 낼 뿐이다. 나는 *다른 그룹들로부터 진정 배우고자 하는* 열망과 결합된 신학적인 겸손을 더 선호한다.

나는 다른 기독교 전통들로부터 많은 것을 배웠고, 결국 나 스스로를 **절충주의적** 칼빈주의자로 간주하는 데까지 이르렀다. 난 나의 신학을 풍성하게 하기 위해 다른 전통들을 기꺼이 받아들였다. 난 칼빈주의를 우리 전통의 바깥에 있는 신학적 영향들에 저항하는 일에 힘을 쏟는 닫힌 체계로서의 칼빈주의로 이해하지 않는다.

닫힌 체계로서의 칼빈주의는 더 이상 살아남을 수 없기 때문에라도, 이런 태도를 유지할 필요가 있다고 본다. 튤립 교리로 요약되는 "순전한 칼빈주의"는, 이런 점에서 보다 넓은 신학적 지평을 아우르기에 적합하지 못하다. 내가 앞서 주장했던 것처럼, 튤립 교리는 어떻게 개인적으로 하나님과 화해할 수 있는가라는 근본적으로 중요한 질문에 답을 해준다. 하지만 이 물음에 대한 대답(튤립은 그것의 요약이다)으로 신학 전반을 아우른다는 것은 그야말로 역부족이다.

"순전한 칼빈주의"는 보다 풍성해질 **필요가 있다.** 칼빈주의자들은 매우 다양한 방식으로 그렇게 해 왔다. 만일 당신이 튤립에 대해 열정적인 동의를 표하는 사람들을 모두 함께 모은다면, 그들조차도 수많은 중요한 신학적 질문들에 있어서 일치하지 않는 것을 발견하게 될 것이다. 앵글리칸 칼빈주의자들의 교회론은 회중교회 칼빈주의자들의 교회론과 다르다. 침례교 칼빈주의자들과 개혁파 칼빈주의자들은 유아세례와 성인세례 문제를 놓고 논쟁을 벌인다. 심지어 같은 칼빈주의 공동체 내에서도 서로 간에, 보다 적합한 전도방법이나 성찬을 이해하는 최선의 방법, 안수에 대한 문제, 보다 큰 문화에 접근하는 최선의 방법 등과 같은 문제들에 대해서 논쟁을 벌인다. 튤립 교리를 넘어서, 칼빈주의라는 것 자체가 이미 다양한 신학적 운동인 것이다.

하지만 내가 절충주의에 동의할 때, 그것은 "순전한 칼빈주의"가 그 자체로 교회나 성례 등과 같은 문제들에 대한 교리를 우리에게 제공하지 못한다는 것 이상의 함의를 내포한다. 나는 여러 가지 방식으로 튤립 교리를 풍성하게 하려는 칼빈주의자들에게서만 배우는 것이 아니다. 필요하다면, 나는 튤립 교리와는 다른 대안적 대답을 제시하는 신학적 관점들로부터 배우는 것이 도움이 된다는 것을 발견했다.

다양성으로부터 배우기

어떤 사람이 나에게 이렇게 물었다. "당신은 특별히 총장직을 수행하고 있으면서도 어떻게 칼빈주의자로 살아남을 수 있는 건가요? 풀러 신학대학원에는 다양한 학파가 공존하고 있는데 말입니다." 나는 그녀가 크게 놀라워했던 부분에 대해서 이렇게 대답하고 싶었다. 내가 풀러의 다양성에 관용을 베풀고 있던지, 아니면 풀러가 나의 칼빈주의에 대해 관용을 베풀고 있던지 둘 중 하나라고!

내 경우에, 나는 상호작용 속에서 성장한다고 말할 수 있다. 당신은 당신의 신학적 관점을 그대로 유지하기 위해 풀러 신학교와 같은 곳을 배회하지는 않을 것이다. 거닐기 좋은 다른 장소를 찾는 것이 더 좋기 때문이다. 풀러의 학생들과 교수들은 약 70개의 나라와 120개의 교단을 대표한다. 우리 중 어떤 사람들은 칼빈주의 전통에서 자라난 사람도 있지만, 웨슬리주의, 오순절, "신은사주의 운동", 루터주의, 성공회, 그리고 그 외 다양한 교파에 소속된 사람들도 있다. 또한 구성원들 중에는 복음주의 개신교에 강한 유대감을 보이는 그리스 정교회 사람들과 로마 카톨릭교도들도 점점 늘어나고 있는 추세이다. 게다가 문화적 다양성이 이러한 신학적 차이를 더욱 조장한다. 한국의 장로교인은 네브라스카의 장로교인들과 많은 차이점을 보이며, 나이지리아의 성공회 신자들은 호주의 성공회 신자들과 다르다. 이 외에도 문화적 다양성을 보여주는 예는 얼마든지 존재한다.

그리스도의 몸이 지닌 다양성이라는 기본적인 가르침에 날마다 노출됨으로써, 나는 어떤 사람이 지닌 하나님 나라의 가치를 판단함에 있어 그 사람이 고백하는 신학보다 더 많은 것을 봐야 한다는 사실을 배웠다. 이 점에서 나는 스펄전이 당시 요한 웨슬리를 비판하던 칼빈주의자들에 대항해 그를 옹호했던 것에 크게 격려받았다. "나는 웨슬리가 설교했던 많은 교리들을 혐오하지만, 그러나 그 사람 자체에 대해서는 어떤 웨슬리주의자보다 더 존경한다." 이어서 그는 다음과 같이 논평을 계속했다.

> 요한 웨슬리의 특징은 자기희생, 열심, 거룩성, 그리고 하나님과의 연합을 위해 모든 비방을 꿋꿋하게 감내한다는 것이다. 그는 보통의 그리스도인들이 보여주는 평범한 수준을 훨씬 넘어선, "세상에 가치를 두지 않는" 그런 사람이었다. 나는 이러한 (칼빈주의적) 진리들을 볼 수 없거나, 아니면 적어도 우리가 보는 방식으로 진리들을 보지 못하는 사람들, 하지만 그럼에도 예수님을 그들의 구주로 받아들이면서 하늘에서나 땅에서나 가장 건전한 칼빈주의자들 만큼이나 은혜의 하

나님의 마음에 소중한 사람들이 매우 많다고 믿는다.[63]

나는 주요교리에 대해 여타 복음주의자들과 불일치하는 부분이 있다 하더라도, 스펄전처럼 "혐오한다"는 말을 사용하고 싶지는 않다. 하지만 이 경우 나는 스펄전이 '혐오'라는 말을 쓴 것에 대해 기쁘게 생각한다. 왜냐하면 이 표현이 웨슬리의 깊은 신앙심에 대한 그의 따뜻한 논평과 좋은 대조를 이루기 때문이다.

스펄전은 요한 웨슬리가 칼빈주의자들이 사랑하는 복음을 동일하게 사랑했다고 믿었다. 물론 웨슬리의 몇몇 신학적 규정들은 칼빈주의자들의 그것과 달랐을 지도 모른다. 하지만 그가 자신을, 구원에 있어 철저하게 하나님의 주권에만 의존해야 하는 죄인으로 보았다는 것은 의심의 여지가 없다. 나는 스펄전의 관대한 정신을 좋아한다. 나는 칼빈주의자들만이 진정한 그리스도인이라고 주장하기보다는, 칼빈주의란 우리 자신의 무가치함을 인정하고 바로 이 때문에 하나님의 자비를 간청해야 한다는 것을 알고 있는 모든 사람들의 삶 가운데서 나타나는 경험과 관심을 가장 잘 포착하는 사상이라고 생각하는 것이 더 좋다고 본다.

교리는 매우 중요하다. 하지만 그것이 전부는 아니다. 스펄전처럼, 나 역시 내게 매우 거슬리는 신학을 고백하는 사람들에게서 그리스도에 대한 깊은 헌신을 보고 경외감을 가진다.

입장 수정에 열린 자세

하지만 나의 입장과 다른 신학적 입장을 가진 사람들에 대해 개방된 태도를 취하는 것은, 그들의 신앙적 삶에 대해 존경심을 갖는 것보다 더 많은 함의를 내포하고 있다. 난 나의 칼빈주의적 신념을 공유하지 않는 일반 대중들에게서 많은 것을 배웠다. 그들로부터 나는 다른 신학적 입장이 전해주는 소중한 개선책을 접하게 되었다. 예들 들어, 나는 칼빈주의자이기 때문에 하나님의 주권에 대해 매우 강조하고 싶어한다. 실제로 우리 칼빈주의자들은 하나님의 주권을 축소하는 입장과 인간의 자유를 축소하는 입장이 충돌하는 경우, 하나님의 주권으로 기울게 된다. 그러다가 우리는 모든 것을 통치하시는 하나님의 주권을 약화시키기보다는 인간의 책임성을 평가절하하는 오류를 범하기도 한다.

그런데 대부분의 다른 신학적 입장들은 인간의 자유를 보다 크게 강조하는 방향으로 나아간다. 그 와중에 그들은 종종 인간의 선택에 따라 하나님을 제한하는 것 같은 인상을 풍긴다. 두 말하면 잔소리겠지만, 이런 식의 사고가 나의 신경을 예민하게 만든다. 그러나 칼빈주의 안에도 나의 신경을 예민하게 만드는 경향이 있음을 부인할 수 없다. 자유의지를 특별히 부각시키는 그리스도인들의 경우, 그들은 칼빈주의자들보다 복음전도에 있어 훨씬 잘하고 있다. 나는 복음전도가 매우 중요하다고 믿는다. 나는, 다른 신학들에 있어 오류라고 주장되는 것들을 무조건 비난하기 보다는, 그것들을 나와 같은 칼빈주의자들을 위한 훌륭한 교정책으로 보는 것이 훨씬 도움이 된다고 생각한다.

제2의 의견을 얻다

내가 배운 수업의 다른 범주는 다양한 신학적 전문분야들을 인정할 필요가 있다고 보는 것과 관계가 있다. 의학 직업의 경우 거기에 서로 다른 특징있는 전문기술들이 있는 것처럼, 기독교 공동체 안에도 서로 다른 신학적 차이들이 존재한다고 보는 것이 바람직하다. 내과 의사들은 예방치료에 초점을 맞추는 반면, 다른 영역의 의사들은 눈 앞에 있는 질병을 치료하는데 집중한다. 어떤 이들은 외과가 제시하는 해결책을 선호하는 경향이 있는 반면, 또 어떤 사람들은 내과가 제시하는 일반적인 해결책을 선호하기도 한다.

큰 그림을 그려보면, 모든 의학적 전문분야들은 자신이 주로 담당하는 영역을 가지고 있다. 이는 의학적 문제를 다룸에 있어 제2의 의견을 구하는 것이 왜 그토록 중요한지를 가르쳐준다. 그리고 서로 상충하는 전문적인 추천들 가운데서 고민할 때, 먼저 그 추천자의 전문 분야를 고려하는 것이 필수적이다.

신학의 세계도 마찬가지로 전문분야들이 존재한다. 나는 이를 매우 실제적인 방법으로 깨달았다. 학생 시절, 매우 헌신적인 평화주의자 선생님이 있었다. 나는 그를 선생님으로서 좋아하긴 했지만, 그의 평화주의적 관점에는 동의하지 않아 때로 그 선생님과 논쟁하기 위해 수업 후에 남기도 했다. 그 선생님은 정말 신사였다. 그는 인내심을 가지고 나의 반론을 듣고서 그 반론에 대한 답변을 해주었다. 어느 날 나는 열렬한 평화주의자들이 흔히 접하게 되는 반론을 제시했다. "공산주의자들이 선생님의 집에 들이닥쳤다고 가정해보죠." 계속해서 나는 말했다. "그 공산주의자들은 선생님과 선생님 가족들을 모두 죽이겠다고 협박합니다. 그런데 선생님이 폭력을 사용해서 그들을 제압할 수 있는 기회를 얻게 되었다고 합시다. 이러한 상황에서도 선생님은 평화주의 원칙을 고수할 수 있겠습니까?" 내가 그렇게 묻자, 그는 그럼에도 불구하고 폭력을 행사하지 않겠노라고 대답했다. 내가 물었다. "왜요?" 그러자 그는 이렇게 대답했다. "왜냐하면 우리를 죽이는 것이, 공산주의자들이 나와 내 사랑하는 가족에게 할 수 있는 가장 나쁜 짓이 아니기 때문일세." 그래서 나는 "좋습니다. 그럼 그들이 할 수 있는 가장 나쁜 짓은 뭡니까?"라고 물었다. "누군가 나와 내 가족에게 할 수 있는 가장 나쁜 짓은 우리를 예수 그리스도의 사랑에서 끊어버리는 것일세. 하지만 그건 어떤 사람도 할 수 없는 일이지." 그러면서 그는 로마서 8장의 놀라운 하나님의 말씀을 인용했다.

> 내가 확신하노니 사망이나 생명이나 천사들이나 권세자들이나
> 현재 일이나 장래 일이나 능력이나 높음이나 깊음이나
> 다른 어떤 피조물이라도 우리를 우리 주 그리스도 예수 안에 있는
> 하나님의 사랑에서 끊을 수 없으리라 (롬 8:38-39)

그는 내가 평화주의자가 되기를 원했겠지만, 나는 결코 평화주의자가 되지 않았다. 하지만 나는 그가 내게 전해준 교훈은 결코 잊을 수 없다. 내가 보기에는, 실제로 상당수의 경우에 폭력의 행사를 허용하는 것이 옳다. 하지만 이는 위험스러운 일이기도 하다. 내가 그에게 던졌던 질문에서 보는 바와 같이, 나는 위험을 감수하면서까지 궁극적으로 방어를 위한 수단으로서의 폭력을 허용하는 쪽에 설 것이다. 하지만 선생님의 대답은 내가 제시했던 이론적 상황에서 민감하게 포착하지 못한 부분을 내게 상기시켜주었다. 그것은 우리의 실제적 안전은 오직 하나님 안에서만 발견되어야 하고, 인간에게 일어날 수 있는 가장 나쁜 일은 그 안전의 원천에서 끊어지는 것이라는 사실이다. 선생님은 궁극적인 "방어"의 문제에 대해 생각하는 것을 전문적으로 했기 때문에, 나보다 훨씬 명확하게 이것을 볼 수 있었다.

내가 우연히 큰 신학적 차이를 보이는 입장과 마주칠 경우, 나는 다른 사람들의 방식으로 사물을 바라보는 데 있어 작용하는 전문성은 무엇인지, 그리고 그것에서 내가 어떻게 배울 수 있는 지를 묻기 위해 노력한다. 다른 많은 그리스도인들(대부분의 칼빈주의자들 포함해서)은 이런 식으로 신학적 차이를 다루는 것이 너무 성가신(messy) 방식이라고 생각할 지도 모른다. 하지만 나는 신학에 있어서 어느 정도의 성가심은 허용하는 것이 좋다는 것을 배웠다.

수수께끼와 신비

나는 영국의 수도사 토마스 웨이난디(Thomas Weinandy)가 제시한 신학적 과업에 대한 묘사를 좋아한다. 그는 신학을 문제를 푸는 활동으로 생각지 말아야 한다고 주장했다. 그보다는 "신비-식별 사업"(a mystery - discering enterprise)으로서 이해하는 것이 좋다고 했다. 우리가 하나의 문제를 해결할 때, 우리의 모든 수수께끼들은 사라진다. 하지만 이것이 신학적 탐구에서 기대해야 하는 것은 아니다. 하나의 신학적 주제에 대해 조심스럽게 탐구할 때, 우리가 항상 기대할 수 있는 최상의 것은, "그 신비가 의미하는 바를 보다 정확하고 명확하게" 이해하는 것이라고 웨이난디는 말했다.[64]

나는 이 말이 옳다고 생각한다. 비록 내가 튤립 교리를 사랑하지만, 나는 그 교리가 많은 수수께끼들을 사라지게 하는 것은 아니라고 생각한다. 하지만 그 교리는 주권자 하나님이 어떻게 죄인들을 그분에게로 모으는지 그리고 그들이 원래 창조되었던 목적들을 어떻게 회복하시는지에 대한 신비를 식별하는 데 내게 도움을 준다. 나는 일련의 신비들에 우선적으로 초점을 맞추려고 한다. 그러나 나는 또한 다른 신학 분야를 전문적으로 공부한 그리스도인들로부터 많은 신학적 도움을 받을 필요가 있음을 깨닫는다.

12

기억을 지키는 사람들

나는 칼빈주의를 풍자한 영화의 한 대목으로 이 책을 시작했다. 이제 나는 또 다른 영화를 언급함으로 본서를 마무리 짓고자 한다. 이 영화는 레이 브래드버리(Ray Bradbury)의 과학소설 『화씨 451』(Fahrenheit 451)을 바탕으로 한 것이다. 이 책은 고전이지만, 나는 똑같은 주제를 가진 영화가, 특히 마지막 장면에서, 더 매력적이라고 생각한다. 이 이야기는 책을 읽는 것을 금지시킨 미래의 전체주의 사회를 배경으로 펼쳐진다. 이 사회에서는 소방서가 불을 끄지 않는다. 오히려 그들은 불을 붙인다. 특별히 책을 불태운다. 책을 숨겨둔 장소가 발견되면, 소방서에서는 그 책을 불태우라고 지시한다. 그래서 레이 브래드버리는 종이가 불에 타는 온도인 화씨 451도를 제목으로 삼았던 것이다.

책을 사랑하는 사람이 되기

이 이야기의 시작에서, 영웅은 소방서의 한 일원이다. 그런데 어느 날, 이 영웅은 책을 태우는 임무를 수행하는 중 한 권의 책을 수중에 얻게 되다. 나중에 그는 비밀히 그 책을 읽는데, 긴 이야기를 짧게 간추리자면, 결국 그는 책을 사랑하는 사람이 된다. 얼마 지나지 않아 그는 책을 보존하는 사람들의 지하조직과 연결된다. 그의 이런 행동이 상부에 발각되자, 그는 책에 대한 기억들을 지키려고 모인 사람들이 살고 있는 거류지로 도피한다.

이 책의 결말에는, 주인공이 자신의 새 보금자리가 될 거류지를 둘러보는 장면이 나온다. 거기에 사는 사람들에게는 모두 자기가 기억해야 하는 책의 내용들이 할당되어 있었다. 이 거류지 주민들은 책을 읽는 것이 다시금 허용될 날을 소망하면서 살아간다. 그 날이 오면 그들은 위대한 책들의 기억을 보존하는 사람이 살아있어서 다시 그 내용이 책으로 인쇄되기를 원한다.

주인공이 거류지를 여행하면서 첫 번째 만나게 된 여성은 이렇게 인사를 한다. "안녕하세요, 난 플라톤의 『국가론』(Republic)입니다." 그러자 주인공의 안내인은 다른 사람들도 가리키면서 그들이 어떤 책을 지키고 있는 사람들인지를 설명해준다. "저 여자 분을 보세요. 저 분은 에밀리 브론테의 『폭풍의 언덕』(*Wuthering Heights*)이에요." 안내인은 다른 남자를 가리키면서도, 그 사람은 루이스 캐롤의 『이상한 나라의 앨리스』(*Alice in Wonderland*)라고 가르쳐준다. 그리고 또 다른 이는 존 번연의 『천로역정』(*Philgrim's Progress*)을 맡고 있었다. 이런 식으로 지나가면서, 한 장면이 더 포함되는데, 그것은 침대에 누워 있는 한 노인이 자신이 어려서부터 기억했던 책의 내용을 손자가 다시 낭송하는 것을 들으면서 죽어가는 장면이다.

칼빈주의자의 맹세

이 이야기는 내가 전하고자 하는 바에 적합한 비유가 된다. 즉, 오늘날 우리의 신학적 상황을 나타내준다. 확실히 이 이야기는 문자 그대로 취하기에는 너무 삭막하고 또 묵시적이다. 하지만 어떤 점에서 이 소설은 우리 시대의 분위기를 잘 포착하고 있다.

물론 오늘날 어느 누구도 오래된 신학서적을 불태우려고 하지는 않는다. 적어도 내가 살고 있는 사회에서는 칼빈주의자가 되는 것을 반대하는 법은 없다. 그러나 나는 라스베가스 공항의 장면과 같은 가슴 아픈 장면이 있음 또한 발견한다. 조지 C.스코트의 신학의 부적절함 때문에, 그가 만든 캐릭터는 주위의 사람들과 전혀 보조를 맞추지 못한다. 니키는 단지 제이크의 삶에서 작용하는 것이 무엇인지에 대해 보다 일반적인 종류의 영적이고 신학적인 답을 전혀 해 주지 못하는 극단적인 예일 뿐이다. 제이크는 실제로 외딴 거류지(세상이 잊기를 바라는 것들을 기억하는 사람들로 구성된)에 속한 사람이다.

내가 처음 칼빈대학의 교수로 가게 되었을 때, 베테랑 영국인 교수 스탠리 위어스마(Stanley Wiersma)와 소중한 대화를 나눈 적이 있다. 나는 시카고 대학에서 박사과정을 마친지 얼마 되지 않은 상태였는데, 그런 나를 보고 스탠리는 비교적 규모가 큰 세속 학교에서 고전적 칼빈주의의 가르침을 따르라고 요구하는 학교로 옮긴 것에 대해 이야기를 나누자고 했다. 스탠리는 내게 이렇게 말했다.

"여기 오신 것은 수도원 질서로 들어오신 것과 같습니다. 수도사가 되기로 결심한 사람은, 대부분의 현대 세계의 가치들을 뒤로 합니다. 그리고 그는 대부분의 세상 사람들이 오랫동안 잊고 있던 삶의 방식을 채용하기로 맹세합니다. 그것이 여기 있는 우리 칼빈주의자들입니다. 우리는 일반대학들에서 가르쳤던 방식과는 다른 방식으로 가르치고 학문활동을 하기로 맹세한 사람들입니다."

이 말은 칼빈대학 교수로서, 내게 부여된 역할을 이해하는데 큰 영향을 미쳤다. 그러나 몇년이 지나 나는 스탠리의 조언을 보다 깊은 차원에서 받아들였다. 칼빈주의자로 교수나 학자가 된다는 것은 단지 맹세하는 것으로 국한될 문제가 아니다. 내게 있어 그러한 칼빈주의자가 된다는 것은 마음에서 비롯되는 것이다. 벤자민 워필드는, 스펄전이 존 웨슬리에게 보여 주었던 것과 똑같은 관대한 정신을 보여주었다. 워필드는 1904년에, 모든 참된 그리스도인은 그들의 신학이 무엇이든, 그들이 "마치 하나님의 자비에만 의존해 있는 것처럼" 기도할 때, 칼빈주의자들이라고 기록했다. 그런데 칼빈주의를 확신했던 사람들은, "그가 하는 모든 행동과 감정과 생각에 있어서 자신이 기도할 때 취하는 태도를 유지하려고 결심한 자들"이라고 그는 말했다. 따라서 참된 그리스도인들은, "그들이 무릎을 꿇을 때 칼빈주의자"가 된다고 그는 주장했다. 일관성 있는 칼빈주의자란 그의 지성과 마음과 신체와 관련한 모든 것을 행함에 있어 "계속해서 하나님께 무릎을 꿇고 이러한 태도로 생각하고, 느끼고, 행동하는 것을 유지"하기로 결심한 자라는 것이다.[65]

칼빈주의자가 된다는 것은 그와 같은 일관성을 가지고 살겠다는 특별한 맹세를 하는 것이다. 우리는 무릎으로만이 아니라 우리가 생각하고 느끼고 행하는 모든 것에서 하나님의 주권을 드높이겠다고 서약한다. 아울러 우리의 신학적 규정 속에 이것을 명백하게 언급함으로써 이를 주장한다. 그러나 오늘날 이러한 맹세는, 보다 넓은 문화적 차원에서뿐 아니라 보다 넓은 기독교 공동체 안에서조차도 조화를 이루지 못한 채 이루어지고 있다. 조나단 에드워즈가 18세기에 칼빈주의자라는 용어는 "비난거리"가 되었다고 불평했을 때, 그는 나중 세기에 발생하게 될 일에 비한다면 그가 처한 상황은 굉장히 좋은 상황이라는 것을 알지 못했다. 그때의 사람들이 칼빈주의를 비판했을 때, 그들은 적어도 그들이 말하려고 했던 것이 무엇인지는 어느 정도 알고 있었다. 그들의 문제는 단순히 칼빈주의가 상징했던 것을 싫어했다는 것이다. 대부분의 현대적 배경에서, 당신은 당신 스스로 칼빈주의자가 되려고 말할 때보다 니키와 같이 "금성인"의 확신에 참여할 때 더 많은 존경을 받을 것이다.

그렇기 때문에 현대를 살아가는 칼빈주의자들의 맹세는 영화 『화씨 451』에서 책을 기억하는 거류민들이 처한 곤경과 어떤 점에서 유사한 면이 있다. 적어도 오늘날 칼빈주의자가 되는 것은, 많은 사람들이 다시금 이 사상을 배우고자 하는 그 날이 오기를 소망하면서 이 오래된 가르침과 격언들을 끝까지 기억하고 그대로 살아내고자 하는 것을 의미한다.

거류지에 속하기

나는 이러한 맹세에 대한 내 개인적인 적용을 독자들에게 말하고 싶다. 나는 도르트 신경을 읽고 또 읽었다. 그리고 그렇게 함으로써 나는 내 스스로를 기억을 지키는 사람들이 사는 거류지의 주민으로 생각하게 되었다.

내가 속한 거류지는 실제로 물리적으로는 발견되지 않는 그런 장소다. 그것은 기독교인들의 네트워크다. 이 네트워크에 속한 사람들은 각기 과거 신학들을 생생하게 기억하자고 맹세했다. 나의 동료중 몇 사람은 루터교의 문서, 존 웨슬리의 글이나 성공회 39개조 문서에 헌신하고 있다. 또 어떤 사람들은 특별히 요리문답서를 좋아 한다. 기도문과 고대의 종교의식의 기록들을 좋아하는 이들도 있다. 우리는 초교파적인 집단이다. 하지만 우리의 초교파주의는 과거의 수많은 신학적 언어들을 중요시한다. 나는 이 거류지의 일원인 것을 기쁘게 생각한다. 만일 누군가가 이 거류지에 대해서 『화씨 451』과 같은 류의 영화를 만들고자 한다면, 나는 재치 있게 이런 말을 던지고 싶다. "안녕, 난 도르트 신경이야."

나는 이 신경을 규칙적으로 읽고 또 읽었다. 하지만 이것이 거류지의 일원으로서 내가 하는 일 전부는 아니다. 나는 다른 거류민들과 같이 일하고 있기 때문에, 나는 그들에게 칼빈주의적 관점과 사물을 보는 특별한 방식으로부터 신앙의 중요한 문제들을 탐구하는 것이 의미하는 바를 계속해서 상기시키는 것을 나의 맹세의 한 부분으로 생각한다. 나는 우리의 공유된 타락과 하나님의 주권적 은혜에 대한 전적인 의존에 대해 많이 이야기한다. 그리고 나에게 기회가 오면, 나는 카이퍼리안의 어조로(매일 영적 만병통치약(Prozac)을 복용한 후라야 겠지만) 그리스도는 한 평의 땅도 남김 없이 모든 창조세계를 다스리는 주권적인 주님이시요 왕이시라고 선언할 수 밖에 없을 것이다.

하지만 나는 또한 라스베가스 공항에서 보여준 제이크의 서투른 태도에 대해서도 많이 생각한다. 아울러 나는 내가 사는 세상에서 흔히 마주칠 수 있는 니키에 대해 생각해본다. 그리고 나는 내 자신에게 최고의 칼빈주의(순전한(mere) 칼빈주의와 더 많은(more) 칼빈주의 둘다)는 나의 할머니나 그녀와 같은 사람이, 그들이 거주하는 영적 거주지에서, 하이델베르그 요리문답으로부터 기억하고 있는 것을 설명하는 정교한 방식일 뿐임을 계속해서 상기시킨다. 나의 "생사 간의 유일한 위로가 되는" 것은 "사나 죽으나 나는 나의 것이 아니고 몸과 영혼이 모두 미쁘신 구주 예수 그리스도의 것이며, 주께서 보배로운 피로 나의 모든 죄값을 치러주셨고 마귀의 권세로부터 나를 자유케 하셨다"는 사실이다.

이 고백은 여전히 잘 전수되고 있다.

역자후기

리차드 마우의 *Calvinism in the Las Vegas Airport* (Grand Rapids: Zondervan, 2004)을 처음 접하게 된 것은, 내가 간사로 있는 총신대 학술동아리 CACC(Campus Academy for Christian Community)의 2006-7년 겨울방학 스터디 교재로 이 책을 선택하면서였다. 그 당시 나는 신학적 기초를 쌓고 기왕이면 영어공부도 해보자는 제안을 했고, 동아리 회원들과 함께 매주 일정분량을 읽고 토론하는 시간을 가졌다. 처음에 이 책을 교재로 택한 것은 본서의 제목이 주는 신선함과 리차드 마우가 쓴 책들 가운데 비교적 최신 저작이니만큼 무엇인가 새로운 것을 얻을 수 있지 않을까 하는 막연한 기대감 때문이었다. 그러나 책을 읽으면 읽을수록 우리는 오늘날의 그리스도인들, 특히 칼빈주의를 지향하는 사람들이 어떤 태도를 가지고 살아가야 하는지를 고민하게 되었고, 이 책은 그런 고민에 대해 나름의 해법이 되기에 충분한 내용을 담고 있었다. 이에 나는 본서에 담겨진 마우의 생각을 우리 동아리 회원들만 공유할 것이 아니라, 좀 더 많은 사람들과 공유했으면 좋겠다는 마음을 가지고 번역을 결심했다.

본서는 얼핏 보면 가벼운 신학 에세이처럼 보일 수 있지만, 여기에 담겨 있는 메시지와 저자 자신의 고민은 우리에게 커다란 울림을 준다. 특별히 칼빈주의자들에게서 보이는 유아독존(唯我獨尊)적인 태도를 비판하는 가운데 이 훌륭한 전통을 현시대에 적합한 것으로 재전유(reappropriation)하려는 저자의 노력은, 비단 칼빈주의자들만이 아니라 21세기의 그리스도인의 삶의 방향을 진지하게 고민해 보려는 모든 그리스도인들에게 귀한 가르침을 전해주기에 충분하다. 아울러 우리 시대의 훌륭한 신학자요 건실한 기독교 칼럼니스트 가운데 하나인 리차드 마우의 개인적인 신앙여정을 추적해볼 수 있다는 것도 일종의 덤으로 얻을 수 있는 소득 중 하나일 것이다.

이 책의 전반부는 칼빈주의 5대 교리에 대한 바른 이해와 적용의 문제와 관련한 내용이며, 6장 이후는 구원을 얻은 그리스도인의 삶의 방향과 칼빈주의자의 삶의 자세가 어떠해야 하는지를 다루고 있다. 전반부 내용이 좀 지루하게 느껴지는 사람이라면 1장을 읽은 다음, 6장 이후부터 읽어도 좋을 것이다. 하지만 전반부의 내용이 6장 이후에도 지속적으로 논의되고 있으므로 가능하면 처음부터 순서대로 차근차근 읽어나가기를 바란다. 특별히 이 책의 전반부에서 마우는, 단순히 칼빈주의 5대 교리를 반복하는 것을 넘어서 이 교리를 악과 고통의 문제, 베일에 싸인 하나님의 계획과 이에 대한 인간의 의심과 갈등의 문제와 같은 민감한 주제들과 연결시키고 있는 만큼 결코 쉽게 넘어가서는 안될 것이다.

번역과 관련하여 도움을 준 여러 사람들에게 감사의 뜻을 짧게나마 표하고 싶다. 무엇보다 칼빈주의라는 전통을 학문적으로뿐만 아니라 삶으로서 가르쳐주신 강영안, 신국원, 장성민 선생님께 깊은 감사를 드린다. 번역하면서 이분들이 전해주신 가르침의 내용들이 머리에서 떠나지 않았다. 특별히 CACC 지도교수이신 신국원 선생님은 스터디 모임에 종종 참석하시면서 내용과 번역에 관한 많은 조언과 격려를 해주셨다. 이 자리를 빌어서 깊은 감사를 드린다. 함께 본서를 공부한 CACC 회원들과 비록 회원은 아니지만 관심을 가지고 스터디에 참여했던 명주상 전도사님과 문성준 형제에게도 감사를 드린다. 이들의 열정과 수고가 있었기 때문에 책이 좀 더 신속하게 나올 수 있었다. 때문에 본서는 CACC와 여러 지체들의 수고가 어우러진 공동체적 학술활동의 산물이라 할 수 있다. 번역의 질도 향상되었음은 두말 할 필요가 없을 것이다. 아울러 학술동아리 CACC를 물심양면으로 후원해주시는 황영숙, 유혜원 집사님에게 특별한 감사를 표하고 싶다. 이분들의 기도와 관심 덕분에 젊은 후학들이 더욱 힘을 얻어 공부에 매진할 수 있었다. 또한 번역경험이 일천한 역자를 믿고 선뜻 출판의 기회를 허락해주신 SFC출판부의 김성민 목사님과 이의현 목사님에게 감사를 드린다. 이분들의 동의와 수고 덕분에 본서가 한국 땅에서 빛을 보게 되었다. 나의 오랜 연인 김행민 자매는 신학을 공부하지 않은 그리스도인의 입장에서 내 번역원고를 읽고 많은 조언을 해주었다. 진심으로 감사를 드린다. 그녀는 늘 곁에 있어주는 것만으로도 큰 힘이 되는 사람이다. 마지막으로 병상에 누워계신 어머니와 그 옆을 지키고 계시는 형님께 감사드린다. 어려운 형편 속에서도 돈 되는 일을 하지 못하고 번역과 공부에만 몰두하는 이기적인 나를 책망하지 않고 묵묵히 지켜봐 주셨기에 이 작업이 가능했다.

여러 사람들의 많은 도움을 받았음에도 불구하고 번역상의 오류가 있진 않을까 염려된다. 그 모든 오류는 마우의 표현대로, 나의 부패와 무능의 소산일 것이다. 독자들의 질정과 편집부의 요청이 있다면 오류가 발견되었을 경우 추후에라도 수정의 노고를 들일 것을 약속한다.

역자 김 동 규

주 (Notes)

1) (역주) 이 구절을 인용하는 리차드 마우의 의도는 개역개정판보다 쉬운성경 번역이 더 잘 살려내는 것 같다. 특별히 respect를 두려움이라고 하는 것은 겸손이나 친절함이라는 의미를 제대로 살리지 못한다.

2) John Calvin, *Institute of the Christian Religion*, ed. John T. McNeil, trans. Ford Lewis Battles (Philadelphia: Westminster, 1960).

3) 이런 종류의 책 가운데 표준이라 할 수 있는 것은, Louis Berkhof, *Systematic Theology* (Grand Rapids: Eerdmans, 1949).

4) (역주) 칼빈주의에 반대하여 '성도의 견인'과 '선택'의 교리를 부정하고 구원의 상실 가능성과 구원에 있어 인간의 의지와 노력을 강조한 알미니우스를 따르는 입장을 말함. 칼빈주의자들은 이들을 이단으로 규정했음.

5) Jonathan Edwards, *Freedom of the Will*, Work of Jonathan Edwards, ed. Paul Ramsey (New Haven, Conn.: Yale Univ. Press, 1957), 131.

6) Richard Mouw, *The Smell of Sawdust: What Evangelicals Can Learn from Their Fundamentalist Heritage* (Grand Rapids: Zondervan, 2000)을 보라.

7) 이 요리문답서를 모두 볼 수 있는 자료는 필립 샤프가 편집한 책이다. Philip Schaff, ed., *The Creeds of Christendom, with a History and Critical Notes*, vol. 3 (Grand Rapids: Baker, 1996); 이 문서들은 다음 웹사이트에서도 볼 수 있다. www.crcna.org/cr/crbe/index.htm.

8) "선택"이란 스펄전의 설교는 www.spurgeon.org/sermons/0041.htm.에서 찾아볼 수 있다. 내가 이 설교를 처음 읽었던 책의 판본은 다음과

같다. *Spurgeon's Sermon*, vol. 2 (Grand Rapids: Zondervan, n.d.), 66-87.

9) Charles Spurgeon, "A Defense of Calvinism"; 이 글은 www.spurgeon.org/calvinis.htm.에서 볼 수 있다.

10) ibid.

11) ibid.

12) ibid.

13) Peter De Vries, *The Mackerel Plaza* (New York: Penguin, 1986), 32.

14) 하이델베르그 요리문답 8번 문답을 볼 것.

15) 도르트 신경 셋째와 넷째 교리 3장을 볼 것.

16) Spurgeon, "A Defense of Calvinism."

17) (역주) 유니테리언은 그리스도의 신성을 부정하고 하나님의 신성만을 인정한다. 일신론자라고 일컬어지기도 하나 우리나라에선 보통 영어 발음을 그대로 따라서 유니테리언으로 표기되고 있다.

18) Charles A. Howe, *The Lager Faith: A Short History of American Universalism* (Boston: Skinner House Books, 1993), 5. 칼빈주의의 확장판으로서 보편주의를 이해하는 관점은 다음의 책에 충분히 개진되어 있다. Ann Lee Bressler, *The Universalist Movement in America, 1770-1880* (New York: Oxford Univ. Press, 2001). 1장 "칼빈주의의 발전," 9-30.

19) Francis Thompson, "The Hound of Heaven"; 이 시는 다음 웹사이트에서 볼 수 있다. http://poetry.elc-ore.net/HoundOfHeavenInRtT.html.

20) Owen Thomas, *The Atonement Controversy in Welsh Theological Literature and Debate, 1704-1841*, trans. John Aaron (Edinburgh: Banner of Truth, 2001), xix.

21) ibid., 287.

22) ibid., 132.

23) ibid., 341.

24) ibid.

25) 스펄전과 다른 교조적 칼빈주의 비평가들과의 차이점은 다음 책에 훌륭하게 설명되어 있다. Iain H. Mur-ray, *Spurgeon v. Hyper-Calvinism: The Battle for Gospel Preachong*(Edinburgh: Banner of Truth, 1995).

26) Murray, *Spurgeon v. Hyper-Calvinism*, 76쪽에서 재인용.

27) Herman Hoeksema, "Jesus Savior and Evil of Hawking Him"; 이는 웹 사이트 www.rsglh.org/jesus_sa-ior_and_the_evil_of_hawking.him.htm. 에서 볼수 있다.

28) Spurgeon, "A Defense of Calvinism."

29) David J. Wolpe, *The Healer of Shattered Hearts: A Jewish View of God*(New York: Penguin, 1990), 140.

30) ibid., 141.

31) ibid.

32) ibid., 158.

33) H. M. Kuitert, *I Have My Doubts: How to Become a Christian*

Without Being a Fundamentalist (Val-ley Forge, Pa.: Trinity Press International, 1993), 97.

34) Wolpe, *The Healer of Shattered Hearts*, 159.

35) C. S. Lewis, *A Grief Observed* (New York: Seabury, 1961), 54-55. 『헤아려 본 슬픔』, 강유나 역 (서울: 홍성사, 2004), 98.

36) Jerry Sittser, *A Graced Disguised: How the Soul Grows Through Loss* (Grand Rapids: Zondervan, 1995), 135-36. 『하나님 앞에서 울다』, 이현우 역 (서울: 좋은씨앗, 2001), 213.

37) ibid., 142-143. 이현우 역, 224.

38) ibid., 143., 이현우 역, 225.

39) (역주) 거칠게 갈아서 구운 옥수수나 쌀을 뜻함.

40) J. D. Douglas, *Light in the North: The Story of the Scottish Covenanters* (Grand Rapids: Eerdmans, 1964), 13.

41) FranK E. Gaebelein, *The Christian, The The Arts and Truth: Regaining the Vision of Greatness* (P-ortland, Ore.: Multnomah, 1985), 154-55.

42) Abraham Kuyper, *Lectures on Calvinism* (Grand Rapids: Eerdmans, 1931). 『칼빈주의』, 박영남 역(서울: 세종문화사, 1971).

43) 북미 복음주의 지성인들에게 미친 카이퍼의 영향력은 최근에 활동하기 시작한 활기 넘치는 복음주의 학자 두 명의 주요한 논의 가운데 매우 강조되고 있다. 그 중 하나는 카톨릭 잡지 Commonweal에 실린 것이다. James C. Turner, "Something to be Reckoned With:

The Evangelical Mind Awakens" (www.commonw-
ealmagazine.org/1999/990115/990115ar.htm), 다른 하나는
Atlantic지의 커버 스토리로 실린 글로서 Alan Wolfe, "The Opening of
the Evangelical Mind"(www.theatlantic.com/issues/2000/10/wolfe.htm).

44) Louis Praamsma, *Let Christ Be King: Reflections on the Life and Times of Abraham Kuyper* (Jordan Station, Ontario: Paideia, 1985), 49에서 재인용.

45) Abraham Kuyper, *To Be Near Unto God*, trans. John Hendrik De Vries (Grand Rapids: Baker, 1925).『하나님께 더 가까이』, 정성구 역 (서울: 크리스챤다이제스트, 1986).

46) Abraham Kuyper, "Sphere Sovereignty", in *Abraham Kuyper: A Centennial Reader*, ed. James D. Bratt (Grand Rapids: Eerdmans, 1998), 488.

47) (역주) 프로작(Prozac)은 본래 우울증 치료제의 상품명이다. 본문의 이해를 돕고자 하는 이유와 더불어 한국사회의 맥락에서 이 치료제의 상품명을 자주 언급하는 경우가 드물기 때문에 나는 프로작이란 말을 굳이 '만병통치약' 이라고 번역했다. 이 약은 미국의 한 회사가 1987년에 만든 것인데, 미국 사람의 20%가 이 치료제를 한 번 이상 복용한 경험이 있다고 할 정도로 널리 쓰이는 약이다. 심지어는 우울증이 없는 보통 사람들도 이 약을 복용하는 경우가 있다고 한다. 이런 이유로 프로작은 미국사회에서 가장 널리 쓰이는 약 가운데 하나로서, 우울증세가 보이기만 하면 부작용 문제와는 별개로 스스럼없이 사용되

는 일종의 만병통치제 역할을 하고 있는 것이 사실이다. 이런 점에서 나는 리차드 마우의 의도를 고려하여 프로작이란 말을 만병통치약이라고 번역했다.

48) Dave Hunt, *What Love Is This? Calvinism's Misrepresentation of God* (Sisters, Ore.:Loyal Publishing, 2002)

49) 하나님의 관대하심에 대한 아이디어에 있어서는, 다음 책의 해당 페이지의 여러 구절에서 많은 도움을 얻었다. Neal Punt, *What's Good About the Good News? The Plan of Salvation in a New Light* (Chicago: Northland, 1988), 87-92.

50) Archibald Alexander Hodge, *Evangelical Theology: A Course of Popular Lectures* (Edinburgh: Bann-er of Truth, 1976), 401.

51) Westminster Confession of Faith, 10장, "Of Effectual Calling", 1문과 3문; 전문은 다음 웹페이지에서 볼 수 있다. www.creeds.net/Wesminster/wstmnstr.htm#chap10.

52) 나의 책 *Consulting the Faithful* (Grand Rapids: Eerdmans, 1994), 20-22를 보라.

53) Irvonwy Morgan, *Prince Charles's Puritan Chaplais* (London: Allen & Unwin, 1957), 162.

54) (역주) 조로아스터교를 말한다. 조로아스터교란 불을 신성시하고 유일신을 예배하던 고대 페르시아의 종교다. 신도들은 아후라 마즈다를 믿는다 하여 마즈다 예배교라고 부르기도 한다.

55) Murray, *Spurgeon v. Hyper-Calvinism*, 94.

56) (역주) 오순절 신학을 지향하는 교단을 가리킨다.

57) (역주) 메노나이트교회에 속하는 보수적인 프로테스탄트교회의 교파

58) R. B. Kuiper, *As to Being Reformed* (Grand Rapids: Eerdmans, 1926), 88. 워필드의 논평은 다음 책 Benjamin Warfield, *Benjamin B. Warfield: Selected Shorter Writings,* vol. 1, ed. John E, Meeter (Phillipsburg, NJ: Presbyterian & Reformed Publishing, 1970)중 "What is Calvinism?"(389)에서 온 것이다.

59) Kuiper, *As to Being Reformed*, 86.

60) ibid., 92.

61) Karl Rahner, "Anonymous Christians," in *Theological Investigations,* vol. 6 (Baltimore, Md.: Heilcon, 1969), 390-98.

62) John Calvin, *Institute of the Christian Religion*, 2.2.11, 268-69. 『기독교강요 상(上)』 김종흡 · 신복윤 · 이종성 · 한철하 공역 (서울: 생명의말씀사, 1988), 2.2.11. 397.

63) Spurgeon, "A Defense of Calvinism."

64) Thomas G. Weinandy, O.F.M., Cap., *Does God Suffer?* (Notre Dame, Ind.: University of Notre Dame Press, 2000), 32-34.

65) Warfield, "What Is Calvinism?," 390.

역자소개 | 김동규

김동규는 총신대학교 신학과를 졸업해 서강대 대학원 철학과에서 폴 리쾨르에 관한 논문으로 석사학위를 받았고, 서강대학교 대학원 철학과 박사과정을 수료했다. 또한 서강대 철학연구소 연구원, 현대기독교아카데미 연구원으로 일하고 있으며, 역삼 청년교회를 섬기고 있다.

그는 프랑스 현상학을 주로 공부하고 있으며, 엠마누엘 레비나스의 『탈출에 관해서』 (서울:지만지, 2009)를 번역했다.

칼빈주의, 라스베가스 공항을 가다

리차드 마우 Richard J. Mouw 지음
김동규 옮김

초판1쇄 2008년 10월 1일
초판3쇄 2014년 9월 1일
발행처   SFC 출판부
인   쇄   (주)독일인쇄

137-803 서울특별시 서초구 고무래로 10-8 2층 SFC출판부
TEL (02)596-8493   FAX (0505)300-5437

ISBN 978-89-93325-04-1   03230

값 10,000원
독자의 의견을 기다립니다.
www.sfcbooks.com

□잘못 만들어진 책은 언제든지 교환해 드립니다.